为什么是华为 → 程东升 主编

冷眼看华为

任正非极端灰度造就"华为+"

唐任于 著

海天出版社
·深圳·

图书在版编目（CIP）数据

冷眼看华为：任正非极端灰度造就"华为+" ／ 程东升主编；唐任于著. — 深圳：海天出版社，2019.7
　（为什么是华为）
　ISBN 978-7-5507-2639-0

Ⅰ．①冷… Ⅱ．①程… ②唐… Ⅲ．①通信企业—企业管理—经验—深圳 Ⅳ．①F632.765.3

中国版本图书馆CIP数据核字（2019）第076996号

冷眼看华为：任正非极端灰度造就"华为+"
LENGYAN KAN HUAWEI：REN ZHENGFEI JIDUAN HUIDU ZAOJIU "HUAWEI+"

出 品 人　聂雄前
策　　划　CEO书院
执行策划　许全军
责任编辑　南　芳　童　芳
责任校对　万妮霞
责任技编　郑　欢
装帧设计　知行格致

出版发行　海天出版社
地　　址　深圳市彩田南路海天综合大厦（518033）
网　　址　www.htph.com.cn
订购电话　0755-83460397（批发）　83460239（邮购）
设计制作　深圳市知行格致文化传播有限公司 Tel：0755-83464427
印　　刷　深圳市希望印务有限公司
开　　本　787mm×1092mm　1/16
印　　张　17
字　　数　216千字
版　　次　2019年7月第1版
印　　次　2019年7月第1次
定　　价　58.00元

序

　　从我写有关华为题材的第一本书《华为真相》以来，市面上有关华为题材的书不下 100 种。本书是我看过的最特别的一本，它有三个特别之处：其一，其他书的角度都是仰视或平视华为，唯独此书是略带俯视的角度审视华为，从这个角度看华为，看清楚的可能性更大一些；其二，基于作者本身的深厚功底，通过广泛建模来研究、诠释华为的成功与不足，让我们可以非常清晰地理解与学习华为；其三，此书对华为进行了深层次哲学的研究，有很多理论或观点已经超越了管理学原来的定义，也超越了华为自身的定义与理解，具有足够的高度、深度与广度。即使是华为，也可以从此书中得到启发与借鉴。对于其他希望学习华为的企业来说，更是难得的真经。

　　从书稿来看，作者是一个非常有创新思维和独立见解的人，他的很多观点与众不同，却又让人无可辩驳，细细琢磨，发现他的认识往往在更高一个层次上。稿子我是一口气读完的，顿觉荡气回肠、灵魂开窍。他一个学工科、曾经搞 IT 的人，能够写出这样一本关于企业运营管理的惊世之作，敢冷眼看华为，还看得这么有高度与深度，高冷且非常有韵味。作者对管理学直接把握本质的模型建立，准确诠释华为的成功原因及发现华为的不足，涉猎知识之广博，归纳技巧之高超，超出了我的最高想象。

　　关于灰度的认识，我们常常理解为"不在两端而执其中"。开放、妥协、灰度是华为成功的核心哲学，作者发现华为灰度哲学深藏着奥秘，开放是黑白及中间灰度全部覆盖，这样开放就是全方位的、彻底的；对外合作是务实妥协，不走黑白，在中间灰度过渡带上；对内的管理原则与方向，华为完全是走极端的灰度哲学，只有黑与白。华为为什么不好学？主要原因就是绝大多数企业的内部管理原则与方向太灰度，没有走极端，因此组织张力不够，也就难以成为极致优秀、卓越乃至伟大的企业。卓越、伟大的企业是一种非常态，实现这种非常态就必须内部管理原则与方向坚持极端的灰度哲学。这是作者非常了不起的发现。

华为文化的"以客户为中心、以奋斗者为本、长期艰苦奋斗、坚持自我批判"，华为自己的解释是核心价值观。作者通过分析，发现这套文化体系是人格化的文化体系，以客户为中心是华为的世界观，以奋斗者为本是华为的价值观，长期艰苦奋斗是华为的人生观，坚持自我批判是华为的方法论，这样构成了华为人格化的文化系统。如此诠释超越了华为自己的解释，并且作者建议增加"投降没有出路"作为华为的战争观，这样就更加完整了。以客户为中心、以奋斗者为本、长期艰苦奋斗、坚持自我批判、投降没有出路，同时克服人性的五大弱点——自私、贪婪、懒惰、虚荣、恐惧，这是华为激发个体活力的真正密码，作者的诠释与重构比华为自身对文化的解释更加全面、系统、鲜活。

关于华为组织力，作者从军政、军令组织硬结构的优越性，军事文化软能力及华为运营管理"铁三角"（聚焦关键战略、简化业务流程、激发组织活力）三个角度，阐明华为强大组织力的真正来源，非常系统而且有说服力。

关于营销，作者从营销的三大驱动，分析运营商、企业、消费者三大客户群的驱动、需求及采购特点，指出了华为存在的不足，让人耳目一新。

关于组织活力，作者从华为总体活力引擎、组织活力模型、个人活力模型三个角度深入剖析。总体活力引擎由华为战略与顶层设计、组织活力、个人活力、华为价值管理"铁三角"四个要素组成；组织活力来自业务战略能力提升及克服组织黑洞，说明了业务战略避免进入平衡态的三个方法，说明了组织输入与输出的六大要素，让这六大要素价值增加的办法，就是对组织五大黑洞的克服带来的活力；个人活力来自开放、妥协、灰度哲学及对人性黑洞的克服，说明了个体避免平衡态的方法，说明了个体输入与输出的六大要素，让这六大要素增值的办法，就是对人性五大黑洞克服带来的个体活力。与华为以前的建模与论述相比，作者关于活力的建模与论述更加清晰、可理解、可操作。

作者重新定义了领导力是领导"人"，执行"事"，并且就应用要领做了详细的说明，非常清晰而且具有操作性。

关于软实力，作者通过对美国国情及营销三大驱动进行分析，认为华为只有在美国构建价值共享体系，与美国产业资本和金融资本方分利，才有可能实质性进入美国市场，并提出了比较具体的建议。

关于华为战略，作者重新定义了ICT（信息和通信技术）行业，从BICODT（云联网、互联网、物联网、基础设施服务、大数据服务、基础技术）的角度，更清楚地分析了华为自身的战略及对手的战略，并且鲜明提出华为应该进入数据服务和汽车产业。数据服务是智能时代的大脑，为华为现有业务提供杠杆效应；汽车行业的特点及空间，足够撑大华为，让华为今后30年都可以远离平衡态，有足够的发展空间，论据充分有力。

关于华为竞争，作者洞察到华为有实力的对手已经跨过边界，传统的通信企业、IT系统企业、现在的互联网公司都已经成为对手。华为国际化之前以"实学"为竞争指导思想，在与国际巨头的残酷竞争中生存并壮大起来；国际化之后，华为越来越倾向于"心学"，实际竞争手段变少了，面对竞争方法多样的互联网公司，恐怕要吃亏。同时华为文化张力太大，个体张力太小，长期的文化钝化，造成华为开拓型、领袖型人才成为稀缺品，开拓美国市场没有实质性进展，表面上是因为美国政府的安全顾虑，实际是苹果、三星这些对手在使坏，本质上则是华为缺乏攻城略地的人才。

本书另辟蹊径，观点独特，论据充分，让人茅塞顿开。很多观点非常新颖，作者从略带俯视的角度来看华为，跳出了原来写华为的惯性思维，并且给出了符合实际的最贴近的理论框架模型与实践验证，对于研究与学习华为，研究与学习企业管理来说都是难得的经典。

本书的出版将会奠定作者在经营管理领域的江湖地位，我庆幸能够有机会为如此杰出的管理思想之书作序。

本书作者唐任于先生，既有深厚的理论基础，又有成功的实践经验，更非常有个性——他勇于挑战一切权威、敢于面对各种质疑，更非常乐于承认和表现自己的杰出。他是一位很有潜力成为新一代学者型网红的老兄，我们期待未来的中国企业界，能够出现更多像这样让人爱恨交织、特质鲜明的学者。毕竟，死水一潭是很无聊的事情。

近些年来，我与我的团队成员们一直致力于对华为等优秀企业进行研究、出版、学习，本书是我们 2019 年华为系列出版物中的一本，我们期待着与更多作者合作出版有关华为等优秀企业的著作。图书出版只是我们系列规划中的起点，我们的 CEO 书院还在将有关课程录制成精品内容，供更多企业家学习，还会给优秀作者量身打造传播方案，使之成为大 IP，获取更多更持续的后期收益。

如果您有优秀作品，或者有绝妙的想法，请联系我们，您可以关注 CEO 书院微信公众号，那里有我们的多种联系方式。

我们期待着与您合作。

程东升

2018 年 11 月 18 日写于广州

前言

　　过去 30 多年，全球通信与信息行业的最大事件是华为的意外崛起。华为以价格和技术的破坏性创新彻底颠覆了通信与信息产业的传统格局，从而让世界绝大多数普通人都能享受到低价优质的通信与信息服务。华为从中国深圳走向全球，服务 170 多个国家和地区的近 30 亿人口，保障 1500 多张网络稳定运行。华为是全球最大的通信设备制造商，在全球的网络存量有一万亿美元，而且每年有上千亿美元的增量。华为为全球信息化节省了万亿级投资，把全球信息化进程提前了 20 年，缩小了全球发展中国家与发达国家的数字鸿沟，让更多普通人提前享受到了数字时代的伟大魅力与文明进步，推动了全球信息化带动生产力的巨大进步，给人类社会带来了巨大的价值贡献，受惠人口之多、覆盖范围之广、提前时间之长是罕见的，华为是近 30 年全球新商业文明最典型的代表。

　　华为多年来坚持管道聚焦战略，通过管道来整合业务和产业，逐渐广泛涉足信息行业全产业链（芯片＋终端＋通信＋云计算＋云服务＋业务服务＋数据服务）。在全球信息行业，华为是唯一的全面涉足运营商、企业及消费者三大业务体系的企业。华为是全球第一大通信设备企业——2013 年超越爱立信成为全球最大的通信设备供应商，2018 年第二季度全球手机销量已经超过苹果，跃居全球第二；世界顶尖的芯片制造商——2018 年 8 月 31 日，华为正式发布的麒麟 980 拿下世界六项第一，正式跻身全球顶级芯片制造商行列。华为全面布局未来颠覆性的领域，涉及 5G 技术、人工智能、自动驾驶、大数据、物联网、区块链等代表未来技术发展的高地，有着全面的创新与引领能力。

华为如此强大，惶者生存、危机意识却是任正非的本能。2013 年初的某一天，在任总办公室，华为大学前副校长徐立新说，应该有人写一本《冷眼看华为》的书……任总击掌赞赏："太好了，这是我今天的最大收获……"可惜，一直没人写出一本这样的书来。冷眼看华为为什么很难呢？因为华为是一家非常成功的国际化企业，即使是放在美国，也是发展奇迹。如果对任正非管理哲学没有独特理解，对华为中西合璧文化没有深刻理解，对通信与信息行业没有深刻理解，对企业经营管理没有深刻理解，对心理学及管理学没有深刻理解，对国际竞争态势没有深刻理解，那么冷眼看华为只能变成瞎眼看华为。

谁能冷眼看华为？华为太卓越，如果没有全方位角度审视过华为，对华为的优势与不足了然于心，就不太可能正确冷眼看华为。我 1998 年加入华为。此前，我在互联网公司中国在线工作了三年，作为中国互联网行业的第一代开拓者和管理者，我对互联网系统与应用非常熟悉。在华为，作为中国网络设备企业的第一代开拓者和管理者，我参与了与思科竞争的全过程，是华为研究思科第一人（具体负责产品规划、定价、渠道规划、组织建设、营销策略制定等），是与思科竞争的核心智囊之一。十年后，我作为华三中国区副总裁兼西区总经理，在西部 10 省区域市场与华为企业业务方正面竞争了 6 年，取得了全面胜利。20 年来，我一直坚持每天研究华为，并研究社会学、心理学、管理学方面的学问，重新建立了大量多种多样的模型，并重新定义了管理学的一些基本概念，以模型来解构华为的成功与不足，这才有效发现了华为的真正优势与存在的不足，让冷眼看华为成为可能。

怎么冷眼看华为？当然可以从大企业病、流程僵化、官僚化、学习氛围不足、人均效率偏低、内生式人才模式不足、KPI 缺陷、部门墙、唯上不唯客户趋势等角度来冷眼看，但这不能从根本上发现华为的不足，使华为警醒。只有针对关键环节，全方位检视华为，才能冷眼看清。比如，用企业竞争的三大实力模型来审视，华为的硬实力（研究开发）全球第一；巧实力（营销服务）全球第一，但与硬实力相比，差距还比较大；软实力（政策壁垒）还受非常大的限制，特别是中美国运博弈带来不小的冲击。如果华为的软实力提升，华为将成为世界顶级企业。像这样利用模型，才能看清华为哪方面强，哪方面弱，而不会因为强的方面掩盖了弱的方面，否则，很难有效冷眼看华为。

华为是一家卓越的企业，是中国企业的旗帜，是全球商业神话，但华为离成为一家伟大的企业还差半步。为什么还差半步？从战略、文化、产品、营销、组织、制度这六个组织运作的关键要素来看：华为在产品、组织、制度这三个方面达到了完美的程度；在战略方面的能力不均衡——从这么多年的实践来看，业务战略与执行非常完美，战略前瞻性略显不足；华为的营销能力比较弱——2000年前是营销能力强于产品能力，2000年后则是营销能力与产品能力的差距越来越大，运营商BG（事业群/业务集团）和消费者BG较好，企业BG比较差；华为文化张力大，个体张力相对较小，造成有棱角张力、有爆发力的领袖型与开拓型人才稀缺，制约着华为的竞争力。

我独特的工作经历，使我能够多角度地观察、融入、对抗与研究华为，让我更有机会看见、看清、看透华为的部分本质。本书从华为灰度+、华为文化+、华为组织+、华为营销+、华为活力+、华为领导力+、华为软实力+、华为战略+、华为竞争+、华为样本价值+十个方面全面分析华为的优势与不足，从根本上来研究，提供了比较可靠而又清晰的"冷眼看"，发现成为"华为+"的问题与途径。

本书属于重构式解读，很多观点或理论都是原创：对华为灰度的重新定义，华为人格化文化系统，军政、军令组织体系，绩效文化与军事文化，企业三大实力模型，营销三大驱动模型，企业活力模型，市场竞争三大指导思想模型，战略研究一般方法模型，领导力与执行力模型等，都是我首次公开发表。其中，领导力与执行力模型纠正了传统管理学的错位概念，企业活力模型纠正了华为原来的活力模型的错误，一定能给你带来不一样的阅读体验与感悟。冷眼看华为，一方面，发现华为的不完美，这是华为成为伟大企业、成为"华为+"的希望所在；另一方面，通过大量的建模与实践分析，其他的企业可以根据华为的优势与不足观照自身，更加有针对性地学习与改进，让学华为有了实践性非常强的理论指导，让学华为变得更简单、更系统、更有针对性。

华为像一只有 18 万个吸盘的八爪鱼，每一个人都在吸收宇宙能量，全世界的先进思想都会在华为得到最大可能的体现，西方的先进管理经验、中国传统文化的精华以及任正非独特的人格魅力与对管理学（灰度、耗散结构、熵……）的独特贡献都得到了比较充分的体现，才让华为一次次突破了发展的瓶颈。特别是华为的危机意识与自我批判，使华为的自愈能力、纠偏机制变得异常强大，让华为能够开放并从任何先进地方吸收能量，成为"华为+"，从而成为伟大企业。

我所有的学问来源于对任正非管理哲学的学习与研究，来源于对华为成功实践及发展瓶颈的研究。我的目标是做华为"蓝军"的"蓝军"，立志于研究水平超过华为思想研究院，专注研究"华为+"，做学任正非第一标兵，在管理理论与指导实践方面处于行业领先。

唐任于

2018 年 9 月 9 日写于深圳

目录
CONTENTS

第 1 章　华为灰度 + / 001

华为像一只有 18 万个吸盘的八爪鱼，每一个人都在吸收宇宙能量，全世界的先进思想都会在华为得到最大可能的体现，西方的先进管理经验、中国传统文化的精华以及任正非独特的人格魅力与对管理学（灰度、耗散结构、熵……）的独特贡献都得到了比较充分的体现。其中，灰度哲学是任正非管理哲学的核心，理解任正非式灰度是理解华为、学习华为的关键窗口。

第 2 章 华为文化 + / 023

华为之所以取得巨大的商业成功，本质上就是价值文化的实现。华为杂交文化形成的文化内核、平衡的务实文化、彻底的民主集中、长期的奋斗文化共同构成了华为文化的基本特征，是实现华为价值文化的核心密码。

第3章 华为组织＋ / 059

如果一个组织的硬结构设置不合理或不健全，会严重影响组织能力的发挥，合理的组织设置与职能定位，才能有效发挥组织的协同效应；如果组织的文化软能力不足，组织就会缺乏对外服务或征服能力、对外扩展能力、组织激活能力及组织自驱能力；运营管理能力，主要体现在组织的战略聚焦、业务流程及组织激活三个方面，决定着组织的运行效率。

第4章 华为营销＋ / 099

2000 年前，华为的巧实力强于硬实力，营销能力曾经是华为引以为豪的资本；2000 年以后，华为营销能力与产品能力的差距越来越大。华为的成功率先来自运营商市场直销的成功，主要依托以客户为中心的业务适应开发＋有策略的价格战＋技术先进性。

第5章 华为活力＋ / 135

企业要持续保证竞争力的核心指标主要表现为：企业可以有效参与的空间市场份额始终远离极限份额，即远离平衡态。一旦接近极限份额，就意味着企业无论如何努力，发展都将进入停滞，一旦行业衰退，企业甚至会随着行业变化进入衰退阶段。

第 6 章　华为领导力 + / 159

　　从企业规模的角度，20 个人的初创公司，就是怎么快怎么干；华为企业规模大了，必须依赖流程、制度与 IT，否则难以有效运作。与信任不信任没有太大关系，再信任人，也无法有效运转公司业务。

第 7 章　华为软实力 + / 179

　　从产业角度来看，华为手机在美国销售，主要受到苹果和三星背后的产业资本和金融资本阻挠；华为系统设备在美国销售，将受到思科、IBM、HP、爱立信、诺基亚、三星等一系列巨头背后的产业资本和金融资本阻挠。华为进入美国并非易事。

第 8 章　华为战略 + / 191

　　未来二三十年，人类将进入智能社会，面向新的时代，华为致力于把数字世界带入每个人、每个家庭、每个组织，构建万物互联的智能世界。这既是激发华为不懈奋斗的远大愿景，也是华为所肩负的神圣使命。华为要成为智能社会的使能者和推动者，这将是一个持久的、充满挑战的历史过程，也是华为的长期机会。

第 9 章　华为竞争 + / 217

华为在全球有竞争力的根本原因在于华为的多元化文化优势，既有中国优良传统文化的中庸之道（理念，道），又有对以美国为代表的全球优秀文化的吸收，主要体现在精细化管理及核心技术的学习与掌握（形式，术），再结合任正非的管理哲学，就形成了华为独特的文化环境和在全球独特的结构性竞争优势。

第 10 章　华为样本价值 + / 241

通信行业的朗讯、思科、北电、摩托罗拉、爱立信、诺基亚、西门子等曾经是多么优秀，多么遥不可及，当华为超越时，它们是多么的脆弱与无能……它们靠"国家安全"软壁垒保护，如果通信行业完全自由竞争，它们还能坚持多久？

第 1 章

华为灰度 +

华为之所以不易被人理解，一个重大原因就是任正非的思想摆脱了传统学院派的理论框架，仿佛黄河上游的九曲十八弯，既有观察现实世界、不断实践的人性感悟，也有横贯东西方的科学和哲学洞察。任正非把物理学、人性和哲学理念直接引入企业管理中，成就了华为独特的思想文化、价值观和发展战略。华为的商业成功不是偶然的，任正非开创性的管理哲学与实践起着决定性的作用。

　　华为像一只有18万个吸盘的八爪鱼，每一个人都在吸收宇宙能量，全世界的先进思想都会在华为得到最大可能的体现，西方的先进管理经验、中国传统文化的精华以及任正非独特的人格魅力与对管理学（灰度、耗散结构、熵……）的独特贡献都得到了比较充分的体现。其中，灰度哲学是任正非管理哲学的核心，理解任正非式灰度是理解华为、学习华为的关键窗口。

⏩ 什么是灰度

灰度使用黑色调表示物体，即用黑色为基准色，不同饱和度的黑色来显示图像。每个灰度对象都具有从 0%（白色）到 100%（黑色）的亮度值。使用黑白或灰度扫描仪生成的图像通常以灰度显示。

图 1-1　灰度示意图

灰度色就是指纯白、纯黑以及两者中的一系列从黑到白的过渡色。灰度最高相当于最高的黑，就是纯黑；灰度最低相当于最低的黑，也就是"没有黑"，即纯白。

我们可以用"1"代表一个极端点"纯黑"，用"0"代表另一个极端点"纯白"，0 与 1 两个极端点之间的过渡带，比如 0.1、0.3、0.5、0.6 等就是灰度。

魏蜀吴三国为什么鼎立？我认为三国领导人都有缺陷，曹操心黑但脸皮不够厚，刘备脸皮足够厚但心不够黑，孙权心不够黑脸皮也不够厚，于是形成了三足鼎立。后来谁打破了平衡？就是心黑脸皮厚的司马家族，司马懿和儿子司马师先实际掌控了魏国，司马昭灭了蜀国，后由司马炎篡魏称帝，建立了晋朝，灭了吴国，统一了天下。

一般意义上的理解，不走极端才是灰度，即 0 与 1 之间是灰度，要避开 0 与 1 两个极端，但从魏蜀吴三国鼎立到晋朝统一来看，孙权的心不够黑、脸皮不够厚，就是灰度，为什么没有取得更大成功呢？曹操心黑、脸皮不够厚，心走了极端是黑，而脸皮不够厚就是一般意义上的灰度，也没有取得更大的成功；刘备脸皮厚、心不够黑，脸皮走了极端是厚，而心不够黑就是一般意义上的灰度，也没有取得更大的成功。

唯有司马家族心黑脸皮厚，心和脸皮都走了极端，才取得了更大的成功，灭了蜀国和吴国，建立了统一的晋朝，这是为什么呢？因为心黑脸皮厚是极端，从而构建了最大的性格张力，积累了最大的爆发力，但都走极端也是灰度，是一种大成功者必须选择的灰度：极端灰度，即由两个以上的极端点形成最大的张力线段或张力面积。就如弯弓射箭，拉了满弓；就如渔网各条线拉大到极限，用最大的渔网面积捕鱼。

高绩效 =（工作强度 + 用心程度）× 工作时间，即高绩效的实现需要满足三个极端灰度点。首先必须有足够的工作强度，同时必须有足够的用心程度，还得有足够的工作时间，这样才能有高绩效。这就解释了同一个团队，为什么个体业绩有差异：工作时间可能是一样的，差异在于工作强度和用心程度。

▶▶ 大成功者的外圆内方

"方圆"之说源于我国古代的钱币，一枚铜钱，外圆内方，朴实无华，但古代先贤却从这小小钱币中悟出许多的道理。成就一番事业的大成功者，必须做到"外圆内方"，即自己有原则、有主见，是"方"

的；对外又圆润通达，是"圆"的。"圆"与"方"就是两种极端灰度状态，对内极端的"方"和对外极端的"圆"，才能形成最大的性格张力，成就非凡人生。

图 1-2　外圆内方示意图

用"1"代表方，用"0"代表圆，我们可以把组织特点或个人性格特征分为四种：

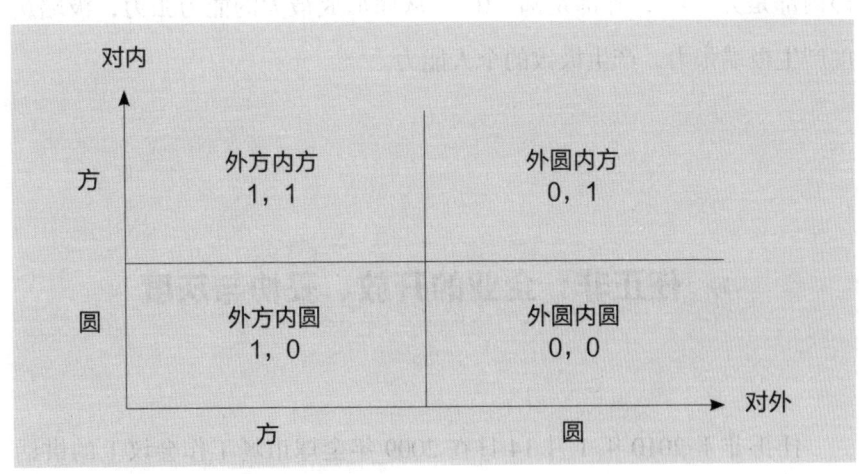

图 1-3　组织特点或个人性格特征示意图

"外圆内方"的人，内心有原则与方向，对外又圆润得体，适合做干部、做领袖，对"人"和"事"，都有很强的工作能力。

"外方内方"的人，内心有原则与方向，对外为人处世过于刚硬，适合做技术性工作，可以很好地应对有挑战的"事"。

"外方内圆"的人，内心缺乏主见与方向，对外为人处世刚硬，适合做企业纪律检查方面的工作。

"外圆内圆"的人，内心缺乏主见与方向，但为人处世比较平和，适合在企业工会、退管办等部门做服务性工作。

对于"外圆内方"的人，"外圆"是圆润，分寸掌握得体，不一定都是平和，是该刚就刚，该柔就柔，为了达到目标刚柔相济，"外圆"中既有 0，也有 1；对于"外圆内圆"的人来说，"外圆"是平和，是性格的一种特征，具体表现为不容易对别人生气，态度平和，与世不争，"外圆"中主要只有"0"。

一个"外圆内方"的人就是极端灰度，对内，自己有主见，有方向；对外，把人与事处理得最大限度的圆润得体，达成最大目标成效，即内部是方"1"，外部是圆"0"，从而形成最大的能力张力，极端灰度产生极端张力，产生极致的个人能力。

▸▸ 任正非：企业的开放、妥协与灰度

任正非于 2010 年 1 月 14 日在 2009 年全球市场工作会议上的讲话中指出，一个领导人重要的素质是方向、节奏，他的水平就是合适的

灰度。

一、清晰的方向来自灰度

一个领导人重要的素质是方向、节奏，他的水平就是合适的灰度。坚定不移的正确方向来自灰度、妥协与宽容。

一个清晰方向，是在混沌中产生的，是从灰色中脱颖而出的，方向是随时间与空间而变的，它常常又会变得不清晰，并不是非白即黑、非此即彼。合理地掌握合适的灰度，是使各种影响发展的要素，在一段时间的和谐，这种和谐的过程叫妥协，这种和谐的结果叫灰度。

"妥协"一词似乎人人都懂，用不着深究，其实不然。妥协的内涵和底蕴比它的字面含义丰富得多，而懂得它与实践它更是完全不同的两回事。我们华为的干部，大多比较年轻，血气方刚，干劲冲天，不大懂得必要的妥协，也会产生较大的阻力。我们纵观中国历史上的变法，虽然对中国社会进步产生了不灭的影响，但大多没有达到变革者的理想。我认为，面对他们所处的时代环境，他们的变革太激进、太僵化，冲破阻力的方法太苛刻。如果他们用较长时间来实践，而不是太急迫、太全面，收效也许会好一些。其实就是缺少灰度。方向是坚定不移的，但并不是一条直线，也许是不断左右摇摆的曲线，在某些时段来说，还会画一个圈，但是我们离得远一些或粗一些来看，它的方向仍是紧紧地指着前方。

我们今天提出了以正现金流、正利润流、正的人力资源效率增长，以及通过分权制衡的方式，将权力通过授权、行权、监管的方式，授给直接作战部队，也是一种变革。在这次变革中，也许与 20 年来的决策方向是有矛盾的，也将涉及许多人的机会与前途，我想我们相互之间都要有理解与宽容。

二、宽容是领导者的成功之道

为什么要对各级主管说宽容？这同领导工作的性质有关。任何工作，无非涉及两个方面：一是同物打交道，二是同人打交道。不宽容，不影响同物打交道。一个科学家，性格乖僻，但他的工作只是一个人在实验室里同仪器打交道，那么，不宽容无伤大雅。一个车间里的员工，只是同机器打交道，那么，即使他同所有人都合不来，也不妨碍他施展技艺制造出精美的产品。但是，任何管理者，都必须同人打交道。有人把管理定义为"通过别人做好工作的技能"。一旦同人打交道，宽容的重要性立即就会显示出来。人与人的差异是客观存在的，所谓宽容，本质就是容忍人与人之间的差异。不同性格、不同特长、不同偏好的人能否凝聚在组织目标和愿景的旗帜下，靠的就是管理者的宽容。

宽容别人，其实就是宽容我们自己。多一点对别人的宽容，其实，我们生命中就多了一点空间。

宽容是一种坚强，而不是软弱。宽容所体现出来的退让是有目的、有计划的，主动权掌握在自己的手中。无奈和迫不得已不能算宽容。

只有勇敢的人，才懂得如何宽容，懦夫决不会宽容，这不是他的本性。宽容是一种美德。

只有宽容才会团结大多数人与你一起认知方向，只有妥协才会使坚定不移的正确方向减少对抗，只有如此才能达到你的正确目的。

三、没有妥协就没有灰度

坚持正确的方向，与妥协并不矛盾，相反，妥协是对坚定不移方向的坚持。

当然，方向是不可以妥协的，原则也是不可妥协的。实现目标过程中的一切都可以妥协，只要它有利于目标的实现，为什么不能妥协一下？当目标方向清楚了，如果此路不通，我们妥协一下，绕个弯，总比原地踏步要好，干吗要一头撞到南墙上？在一些人的眼中，妥协似乎是软弱和不坚定的表现，似乎只有毫不妥协，方能显示出英雄本色。但是，这种非此即彼的思维方式，实际上是认定人与人之间的关系是征服与被征服的关系，没有任何妥协的余地。

"妥协"其实是非常务实、通权达变的丛林智慧，凡是人性丛林里的智者，都懂得在恰当时机接受别人妥协，或向别人提出妥协，毕竟人要生存，靠的是理性，而不是意气。

"妥协"是双方或多方在某种条件下达成的共识，在解决问题上，它不是最好的办法，但在没有更好的方法出现之前，它却是最好的方法，因为它有不少的好处。

妥协并不意味着放弃原则，一味地让步。明智的妥协是一种适当的交换。为了达到主要的目标，可以在次要的目标上做适当的让步。这种妥协并不是完全放弃原则，而是以退为进，通过适当的交换来确保目标的实现。相反，不明智的妥协，就是缺乏适当的权衡，或是坚持了次要目标而放弃了主要目标，或是妥协的代价过高遭受不必要的损失。明智的妥协是一种让步的艺术，妥协也是一种美德，而掌握这种高超的艺术，是管理者的必备素质。

只有妥协，才能实现"双赢"和"多赢"，否则必然两败俱伤。因为妥协能够消除冲突，拒绝妥协，必然是对抗的前奏；我们的各级干部真正领悟了妥协的艺术，学会了宽容，保持开放的心态，就会真正达到灰度的境界，就能够在正确的道路上走得更远，走得更扎实。

任正非此讲话侧重于说"外圆"方面，干部要宽容、有节奏，这样对人、对事的处理才能有灰度，最终圆满解决问题。此讲话对干部"内方"方面没有阐述，我通过多年对华为管理的研究，发现"内方"才是华为组织张力的真正奥秘，即华为文化内核、内部管理原则与方向是极端灰度，是方的，不是圆的，原则与方向是不能妥协的，但多个极端灰度点又构成了华为的极端灰度。

▸▸ 华为灰度的外圆内方

中国传统中庸之道，是不偏不倚、折中调和的处世态度，《论语·雍也》："中庸之为德也，其至矣乎。"中庸之道是"不在两端而执其中"，不走极端，在两端之间选择，两端是啥？没有说清楚。任正非第一个把灰度引入管理学，相对传统中庸的提法，更加形象与准确，两端是黑与白，在黑与白之间就是灰，这样在管理中就可以清晰定义与应用。

从一般意义上理解，灰度可以分为三个层次：

第一个层次（在 0 与 1 之间，不含 0 和 1）：正与非之间，没有正与非。

第二个层次（只有 0 和 1）：正与非，不含正与非之间。

第三个层次（在 0 与 1 之间，含 0 和 1），正与非、正与非之间，全部涵盖。

任正非的灰度哲学究竟是哪个层次呢？我经过长期的研究发现，任正非的灰度是第三个层次，任正非式灰度正如其名，"任正非"，既正，又非；非就是正，正就是非；非中有正，正中有非；因为又姓任，合起来就是"任他正与非"，恣意驰骋。

很多人错误地认为，任何事情都不会以极端的状态出现，因此黑白仅是哲学上的两种假设。现实生活中的成功，大多是真正理解了灰色，任何黑的、白的观点都是容易鼓动人心的，而华为需要的是灰色的观点。介于黑与白之间的灰度，是十分难掌握的，这就是领导与导师的水平，没有真正领会的人，不可能有灰度。领导就是妥协，如果不妥协就不能达成阶段性的共识，就不能取得阶段性的成功。

其实，经过中国几千年中庸文化的熏陶，中国人是全世界最善于变通的，因此一般意义上的妥协灰度是与生俱来的，我们的成长过程，就是从小时候与幼儿园的伙伴、老师及家长妥协开始的。华为人撞了南墙就自然明白了灰度的必要性，必然选择灰度，只是人与人有差异而已。从数学的角度，灰度的选择范围远大于极端，灰度是线，是无限的；极端是点，是有限的。因此走极端、把极端走好才是最困难的。

任正非式灰度绝对不是"不在两端而执其中"，而是灰度的全部，特别是执两端。走极端才是任正非式灰度的最大奥秘，也是华为组织张力的最大奥秘。任正非的全面灰度及极端灰度，才是成就极致华为的秘诀，是其他企业做不到的。

什么是极端灰度？就是有黑又有白，黑与白对称，构成的张力最大，距离最远，不是黑与白之间的灰度，是执两端构成的极端灰度。外界看任正非，是雾里看花、盲人摸象，给任正非贴上了多个矛盾的人格标签：狼性、独裁、霸道、人性大师、智者、堂吉诃德、成吉思汗等。任正非实践的本质是任正非式灰度，极其理性又极其感性，当这种极端的理性与感性结合在一起，就产生了极致的个性张力，成就了任正非非凡的人生格局，继而成就极致华为。正如任正非的个性，率真、直爽、简单、诚实、理想等鲜明的非灰度性格，很好地解释了任正非身上容纳的各种复杂甚至矛盾的要素：既脾气暴躁，又静水潜流；既铁骨铮铮，又柔情似水；既疾恶如仇，又宽容妥协；既用兵狠，又爱兵切；既霹雳手段，又菩萨心肠；既胆识过人，又心存敬畏；既固守原则，又豁达变通；既实用主义，又理想主义；既浪漫主义，又求真务实；既有理工男的做派，又有文艺青年的气质……总之，任正非是一个棱角分明的人，是一个实践全面灰度及极端灰度的人。

这些极端与矛盾的性格，构成了任正非式灰度的特色，也是成就华为的核心哲学基础。基于任正非的极端灰度哲学，我创立了"虹学"，即在"企业之道"的角度，要走七个极端，才能建立"企业之道"，从而建立最大的组织张力。

▸▸ 华为核心管理哲学：全面灰度哲学

华为核心管理哲学从开放、妥协、灰度三个角度来实现华为的全面灰度哲学。

开放是对内外全开放，灰度是正与非之间，含正与非，即"在 0 与 1 之间，含 0 和 1"，与先进充分交流能量。

对外合作务实妥协，通权达变的丛林智慧，靠的是理性，灰度是"在 0 与 1 之间，不含 0 和 1"，对外圆润，不走极端，务实妥协达成目标。

对内的管理原则与方向是极端灰度，即"只有 0 和 1"，建立最大的组织张力，激发组织能力，这是华为组织力强大、商业成功的真正奥秘。

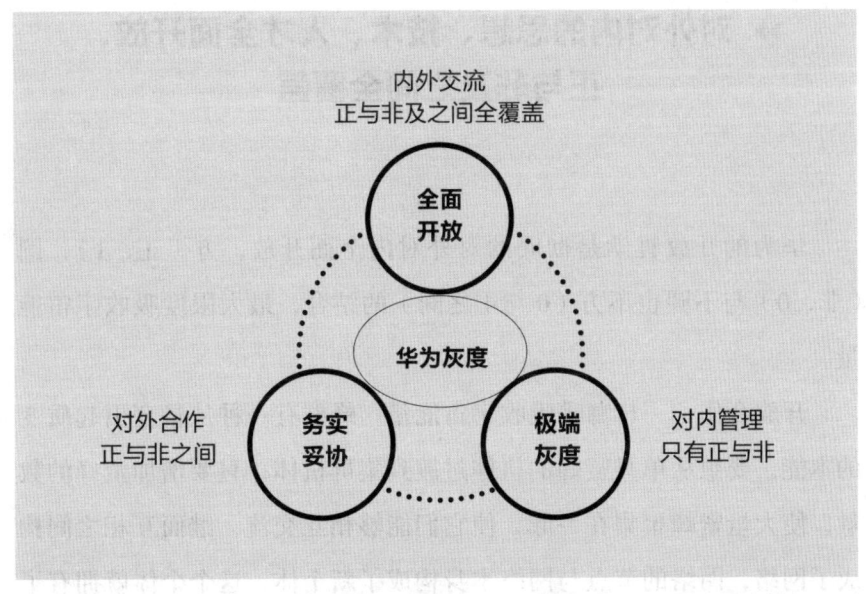

图 1-4　华为灰度示意图

华为实践的灰度是全面灰度，通过对内外、对外、对内三个角度展开不同的灰度模式，走三个极端，实现了最大的灰度张力，构建了完整的灰度哲学，即开放是彻底的对内对外全面开放，方、圆、不圆也不方的结合，最大限度吸收宇宙能量；对外合作，以"圆润"为主，方中有圆，圆中有方，务实妥协，与客户或利益攸关者达成最大限度的理性合作；对内的管理原则与方向，只有"方"，只有极端灰度，形成最大的组织张力，从而产生最大的组织能力。

▶▶ 对外对内的思想、技术、人才全面开放，
正与非及之间全覆盖

华为的开放哲学是彻底的对外对内全面开放，方（正，1）、圆（非，0）与不圆也不方（0 与 1 之间）的结合，最大限度吸收宇宙能量。

开放合作，一杯咖啡吸收宇宙能量。蜂群有一种从量变引起质变的本能，要想从单只蜜蜂的机体过渡到集群机体，只要增加蜜蜂的数量，使大量蜜蜂聚集在一起，使它们能够相互交流，继而互相之间构成了网络，网络的节点与网络本身构成了新个体，这个个体就拥有了强大的力量。蜂巢是一种知易行难的组织形式，难点往往就在于如何构建网络的节点。"一杯咖啡吸收宇宙能量"从侧面解释了华为式的"蜂巢思维"，蜂群网络的节点可以简化为一个"咖啡杯"，即鼓励华为员工跟全球最优秀的人才喝咖啡，交流最前沿的创新想法，并尽可能快速开展合作。

在这个"咖啡杯"里，以华为人为核心，团结世界所有同方向的科学家。如果那些科学家做出了跟华为人同样的贡献，那么就要给他们同样的待遇，甚至提出可以试试"人才众筹"，就是对特优秀人才可以"快进、快出"，不扣住人家一生。不求他们归华为所有，不限制他们的人身自由和学术自由，不占有他们的论文、专利等，只求跟他们合作。任正非将兼容并蓄更进一步，"咖啡杯"里不仅要有有学问的科学家，还要有一些"歪瓜裂枣"瞎捣乱，也期望"黑天鹅"飞到这"咖啡杯"中来。

一种不开放的文化，就不会努力地吸取别人的优点，逐渐就会被

边缘化，这是没有出路的。一个不开放的组织，迟早也会成为一潭死水。无论是产品开发，还是销售服务、供应管理、财务管理等方面，都要开放地吸收别人的好东西，不要故步自封。创新是站在别人的肩膀上前进的，同时像海绵一样不断吸取别人的优秀成果，而并非是封闭起来的"自主创新"。与中华文化齐名的古罗马文化、古巴比伦文化已经荡然无存了，中华文化之所以历久弥新，离不开其兼收并蓄的包容性。

中华文化是开放的文化，华为也不能自我封闭。向所有人学习，应该是华为文化的一个特色，华为开放就能永存，不开放就会昙花一现。在华为的核心价值观中，很重要的一点是开放与进取，但由于成功，华为现在越来越自信、自豪和自满，其实也越来越自闭。开放与进取，多向别人学习，华为才会有更新的目标，才会有真正的自我审视，才会有时代的紧迫感。

表 1-1 华为开放的三个方向

方向	说明
对社会开放	一杯咖啡吸收宇宙能量、炸开人才金字塔、吸纳美国溢出的人才
对内部开放	以自我批判为主，通过心声社区、民主生活会、《管理优化报》、蓝军等机制或平台实现对内开放
对华友开放	华友有 16 万之多，还在不断增加，这是一个独特的群体。了解华为、了解社会，对华友有效开放，吸收有用的建议或意见，对华为也是一笔宝贵的财富

对外、对内、对华友的全面开放，是华为吸收宇宙能量的三个方向，目前对外、对内做得不太好，对华友的开放做得不太到位，甚至有忽视的倾向。

▶▶ 对外合作妥协，在正与非之间

对外合作，以"圆润"为主，方中有圆，圆中有方，务实妥协，与客户或利益攸关者达成最大限度的理性合作。

外部环境状态是复杂的，华为在各方面的竞争力也是参差不齐的，根据外部情况及华为竞争力情况，努力达成各种合作，让华为尽快成为圈内人，合作之后再寻求更深度的合作，这样就会赢得更多的参与机会。妥协是对外合作最基本的指导思想。

方向是坚定不移的，但并不是一条直线，也许是不断左右摇摆的曲线，在某些时段来说，还会画一个圈，但是离得远一些，或粗一些看，华为的方向仍是直指前方。坚持正确的方向，与妥协并不矛盾，相反妥协是对方向坚定不移的坚持。如果方向和原则有利于目标的实现，为什么不能妥协一下？

当目标方向清楚了，如果此路不通，华为妥协一下，绕个弯，总比原地踏步要好，干吗要一头撞到南墙上？在一些人的眼中，妥协似乎是软弱和不坚定的表现，似乎只有毫不妥协，方能显现出英雄本色。但是，这种非此即彼的思维方式，实际上是认定人与人之间的关系是征服与被征服的关系。

"妥协"其实是非常务实、通权达变的丛林智慧，凡是人性丛林里的智者，都懂得在恰当时机接受别人的妥协，或向别人提出妥协。毕竟人要生存，靠的是理性，而不是意气。"妥协"是双方或多方在某种条件下达成的共识，在解决问题上，它不是最好的办法，但在更好的方法出现之前，它却是最好的方法，因为它有不少的好处。

妥协并不意味着放弃原则，一味让步。明智的妥协是一种交换，是一种让步的艺术，为了达到主要目标，可以在次要目标上做适当的让步。妥协也是一种美德，而掌握这种高超的艺术，是管理者的必备素质。只有妥协，才能实现"双赢"和"多赢"，否则必然两败俱伤。因为妥协能够消除冲突，拒绝妥协，必然是对抗的前奏；华为的各级干部真正领悟了妥协的艺术，学会了宽容，保持开放的心态，就会真正达到灰度的境界，就能够在正确的道路上走得更远、更扎实。

在原则和方向上坚持，在方式方法上以退为进，特别是在华为对外的合作上，这一点尤为重要。没有妥协就没有丰富的合作层次（理想的合作、次理想的合作、合格的合作）。无论是营销合作，还是技术合作，妥协是成为圈内人的最重要的第一步，妥协也是深度合作的必由之路。

▶▶ 对内管理极端灰度，只有正与非，在方向与原则上没有妥协

对内的管理原则与方向，只有"方"（正与非，0 和 1），只有极端灰度，形成最大的组织张力，从而产生最大的组织能力。

只有绝顶高手，才敢浓墨重彩，才能走极端，任正非就是绝顶高手。站在"正"与"非"的极端点上，才能让组织产生最大的张力，极端灰度是华为内部管理原则与方向的基本哲学，极端灰度哲学成就了极致的华为：

★ 华为的备份计划是极端灰度，是华为"惶者生存"危机意识的体现。

★ "未来的胜利是极简的胜利"是极端灰度，极简代表华为管理改进的方向。

★ 华为文化内核——"以客户为中心、以奋斗者为本、长期艰苦奋斗、坚持自我批判"是极端灰度，站在四个极端点上，构成了华为文化内核的最大张力面积。

★ 华为价值管理"铁三角"——"全面创造价值、正确评价价值、合理分配价值"是极端灰度，站在了价值管理的三个极端点上，构成了华为价值创造的最大张力面积。

★ 华为运营管理"铁三角"——"聚焦关键战略、简化业务流程、激发组织活力"是极端灰度，站在运营管理的三个极端点上，构成了华为高效运作的最大张力面积。

★ 削足适履是极端灰度。

★ 端到端流程是极端灰度。

★ 深淘滩、低作堰是极端灰度。

★ 辉煌背后的苦难是极端灰度。

★ 力出一孔、利出一孔是极端灰度。

★ 变革先僵化、再固化、后优化是极端灰度。

★ 干部8条及员工22条军规是极端灰度。

★ 人力资本增值大于财务增值是极端灰度。

★ 乱中求治、治中求乱是极端灰度。

★ 杂交文化与务实文化是极端灰度。

★ 内真外诚与民主集中是极端灰度。

★ 给火车头加满油是极端灰度。

★ 以组织的活力应对战略的混沌是极端灰度。

★ 以过程的确定性，应对结果的不确定性是极端灰度。

★ 以过去与当下的确定性，应对未来的不确定性是极端灰度。

★ 以内部规则的确定性，应对外部环境的不确定性是极端灰度。

★ 一杯咖啡吸收宇宙能量，一桶糨糊黏结世界智慧是极端灰度。

★ 方向要大致正确，组织要充满活力是极端灰度。

★ 宰相必取于州郡，猛将必发于卒伍是极端灰度。

★ "允许异见，就是战略储备"是极端灰度。

★ 凭本事"升官发财"是极端灰度。

★ 管理改进的"七反对"原则是极端灰度：坚决反对完美主义，坚决反对烦琐哲学，坚决反对盲目的创新，坚决反对没有全局效益提升的局部优化，坚决反对没有全局观的干部主导变革，坚决反对没有业务实践经验的人参加变革，坚决反对没有充分论证的流程进行实用。

…………

从华为大量的内部管理原则与方向来看，都是极端灰度，没有妥协。华为正是因极端灰度而构建了强大的组织力。如果没有极端灰度就没有极致的华为，就不会有极致的"华为 +"，更不会成就伟大的华为。

▶▶ 内部管理极端灰度 +，成就伟大的华为 +

对华为灰度有了深刻的理解，有助于真正了解华为与学习华为，我也是从这个角度研究华为的：通过建模来分析华为管理，哪些已经达到极端，哪些没有达到极端，从而使极端灰度失衡；若在维度上都达到了极端，就构成了具有最大张力的极端灰度。

本书后面的内容将从华为文化＋、华为组织＋、华为营销＋、华为活力＋、华为领导力＋、华为软实力＋、华为战略＋、华为竞争＋、华为样本价值＋这九个方面来展开：

★ 华为文化＋：华为文化内核"以客户为中心、以奋斗者为本、长期艰苦奋斗、坚持自我批判"从四个维度构建了极端灰度，构成了最大的文化张力、华为人格化的文化系统。如果增加"投降没有出路"，就可以完整对抗人性的五大弱点，构建更加有力的华为文化内核。

★ 华为组织＋：华为军政、军令组织硬结构，军事文化软能力及高效运作"铁三角"（聚焦关键战略、简化业务流程、激发组织活力）是构建华为组织力的三大核心要素，华为需要把复杂留给自己，把简单留给别人，让流程管控多元化，提升流程效率与盈利能力；让交付变得简单，提高客户满意度。

★ 华为营销＋：运营商、企业、消费者三大客户群的营销驱动模式、核心需求及采购特点差异性非常大，在企业业务方面应避免简单化、价格战，提升系统化、专业化营销能力。

★ 华为活力＋：华为原先的活力模型存在重大缺陷，不容易理解，也不容易操作，更没有完全正确表达出华为的有效做法。我重构了华为总体活力引擎、组织活力模型及个人活力模型，更加易于理解与操作，可以完整解释华为的相关做法。

★ 华为领导力＋：华为在德治（管心，企业文化）及法治（管事，流程制度）方面建立了绝对理性，但在人治（管人，感情温暖）方面没有做到绝对感性，华为领导力需要弥补缺陷。

★ 华为软实力 +：华为进攻美国市场，采用了错误的战略，自2013 年起大规模进攻 6 年，没有取得实质性突破，探讨华为屡败屡战再度开拓美国市场的软实力方法。

★ 华为战略 +：华为应该进入数据运营和汽车行业，数据运营为华为开展自动驾驶、人工智能、虚拟现实、物联网、云技术平台等新技术、新应用提供数据支撑，真正进入无人区；电动汽车可以变成电子产品，属于奢侈品，价格敏感度低，适合华为这样有消费品牌积累能力的公司进入，并且容易爆发，市场容量极大，完全可以撑大华为，是华为今后数十年高速发展的唯一可靠方向，不做汽车，5 年后，华为将沦为平庸公司。

★ 华为竞争 +：未来 5 ~ 10 年，华为面临运营商行业颠覆性变革，软件定义网络带来跨界竞争对手的打击，华为现有业务有效参与空间不足等多重挑战，华为继续高速发展的动力来自哪里？应该来自竞争指导思想的多维性，提升应对更复杂竞争态势的能力。

★ 华为样本价值 +：华为为国家提供投降没有出路的样板，不怕失败、敢于胜利、善于胜利；让中国成为制造业强国，摆脱对低成本、低技术门槛的依赖，在高科技方面取得竞争优势，华为为"智造"走向世界提供了一个成功的典范与可参考路径。

我做了大量的建模与验证，为了解华为、理解华为、学习华为提供了系统的理论支撑与最佳的应用实践。

第 2 章

华为文化 +

文化是组织或个人的灵魂，组织或个人的成功关键是文化的成功。中国改革开放的关键在于解放思想，"时间就是金钱、效率就是生命"，把中国几千年来羞于正面面对物质的意识扭转过来了，人们可以自由追求物质与精神双重丰富的生活，社会能量就爆发出来了。中国改革开放的过程，不仅是西方的资本、技术与管理涌入中国，更是人、思想与观念涌入中国，中国从思想上彻底地拥抱了世界。因此，在中国形成了复杂的杂交文化。从软件上看，华为应是全世界文化最杂的组织，因此更具生命力，更具有走向世界的深厚文化底蕴。中国改革开放的成功是思想解放的成功，是中国学习西方文化又结合中国思想智慧的成功，华为是其中的典型代表。了解华为文化的密码，可以从中发现中国思想智慧与西方优秀管理实践结合的奥秘。

欧美 400 多年的领先，关键在于宗教改革，也是解放思想，蒸汽机、资本论、进化论、国富论、贸易、自然科学等都远远没有宗教改革重要。传统基督教是反对盈利性工作的，贬斥人们经营以获得财富的意图及活动。宗教改革对工商业经营盈利活动给予道德上的肯定：完成个人在现世中所处地位所赋予他的责任与义务，是个人的天职。人们有责任赚钱，因为这是在为上帝增加荣耀。新教的世俗化、功利化，为资本主义的发展、为近代商业和科技的发展奠定了文化基础。

华为之所以取得巨大的商业成功，本质上就是价值文化的实现。华为杂交文化的内核、平衡的务实文化、彻底的民主集中、长期的奋斗文化共同构成了华为文化的基本特征，是实现华为价值文化的核心密码。

▶▶ 有生命力的杂交文化

什么特点的文化更容易成功呢？从人类发展的历史来看，欧洲贵族因近亲繁殖容易得血友病，中国规定直系亲属不能通婚，两个代系相距较远或非亲属关系的人的后代更聪明……无数的经验表明：杂种的生命力更强，身体遗传基因的杂交才有优势；文化基因的杂交更重要，能够不断吸收别人的优秀文化，丰富自己的文化，即杂交文化才最具竞争力优势。

19 世纪血友病（又称皇室病）在欧洲皇室间广泛传播，是什么原因造成这种遗传病的传播和扩散呢？经过分析发现，主要还是皇室间近亲结婚所致。血友病患者与血友病基因携带者结婚后，其后代的患病风险有以下几种情况：如果男性血友病患者与健康女子婚配，其男性后代都健康，而女性后代则是血友病基因的携带者，本人虽不一定发病，但可把血友病传给后代。医学上把这种男性患者的致病基因"传女不传男"的方式又叫作"交叉遗传"。如果女性血友病基因携带者与健康男人结婚，其男性后代有 50% 的概率是血友病患者；女性后代都不会发病，但有 50% 的概率是血友病基因携带者。若近亲结婚，如女性血友病基因携带者与男性血友病患者结婚，其男性后代有 50% 的概率为血友病患者，女性后代也有 50% 的概率为血友病患者。

英国维多利亚女王是血友病基因携带者，她的第 9 个女儿比阿特丽斯嫁给了巴登堡的亨利王子，生下维多利亚·尤金妮公主，公主是血友病基因携带者。后来公主嫁给西班牙国王阿方索十三世，就这样维多利亚女王的血友病基因便传到了西班牙，使后来的西班牙阿斯图里亚亲王患上了血友病。血友病致病基因就以贵族间联姻的方式从英国皇室流传到了德国、西班牙及俄国皇族。一种遗传病波及四个国家的皇族,这在历史上是绝无仅有的悲剧。

近亲结婚因双方有太多相似的遗传因子,后代无法从他们那里产生变异,有害基因将传给子孙。如果这一基因按常染色体隐性方式遗传,其子女就可能因为是突变纯合子而发病,近亲婚配增加了某些常染色体隐性遗传疾病的发生风险。

中国有一条意义特殊的南北分界线——秦淮线,该线南北地区不仅在气候、河流、植被、土壤、农业生产等方面有显著差别,而且在人文景观、生活习俗、气质性格等方面也有较大差异。因此,秦淮线是分界线,也是文化交融线、文化杂交线,北方的粗文化与南方的细文化交汇线,容易培养粗、细结合的大气象性格,秦淮线及附近是中国历朝历代帝王产生最多的地方。

▶▶ 吴越文化与夜郎文化的神奇"化学反应"

华为文化是怎样形成的呢?从根本上讲,是通过杂交方式形成的,理想文化与现实文化的融合、内部文化与拿来文化的融合、征服文化与服务文化的融合、道与术的融合、中西文化的合璧……国际化的前提是文化的国际化,包容与重构,进得来、出得去。

文化是企业的动力系统,任正非儿时的记忆与体会,成了任正非管理哲学的基础。华为的成功首先是任正非的成功,任正非的成功是其哲学的成功,其哲学的成功正是其文化的成功。任正非祖籍浙江浦江县

（吴越文化，细文化），出生于贵州镇宁县（夜郎国，理想国，粗文化），浙江人的细文化与夜郎国的甚至有点匪气的粗文化完美结合，加上作为长子从小就有的担当精神，形成了任正非完美的杂交文化核心：理想主义＋现实主义＋价值共享。这个烙印深深地体现在华为运营管理的方方面面，再加上任正非的开放精神、自我批判能力、学习能力、宽广的国际视野及共建全连接世界的情怀，与世界文化的充分杂交，成为代表着领先的新杂交文化：理想主义＋现实主义＋价值共享＋拿来主义。

华为的企业文化是什么？任正非说："华为文化不是具体的东西，不是数学公式，也不是方程式，它没有边界。也不能说华为文化的定义是什么，是模糊的。'以客户为中心'的提法，与东方的'童叟无欺'、西方的'解决方案'，不都是一回事吗？他们不是也以客户为中心吗？华为反复强调之后，大家都接受这个价值观。这些价值观就落实到考核激励制度上、流程运作上……员工的行为就被牵引到正确的方向上了。"正如田涛所说："华为文化是一种非中非西、非驴非马的文化，西方的、东方的、历史的、现代的、军队的等，凡是对华为的组织建设、文化建设有益的东西，都拿来为我所用。"

华为文化是包容性的"洋葱头"，不断吸纳别人优秀的文化，把自己的文化做大做强，实际上就是杂交文化。华为文化可归纳为八个字：追求完美，无私奉献。这种文化是军队文化：不完美，敌人比华为完美，在战场上就会被敌人消灭；不无私奉献，敌人无私奉献、团队作战，华为也会被敌人消灭。活下去、务实、灰度、低调、分享等是中国思想智慧宝库里的重要组成内容，是华为文化的核心哲学；中国思想智慧又离不开国学智慧，华为作为全球具有领先竞争力的国际化大企业，从根本上讲，竞争力正是来自华为独具特色的中西合璧文化，华为文化之道又深含国学智慧的最佳实践。

华为是一个封闭的开放企业。从外部看，华为比较封闭，非常有凝聚力，而且无论因为什么原因离开华为，都很少有离职者骂华为，反而离开华为的人互相非常有认同感；从内部看，华为极其开放，上级教下级比对亲人还耐心，如果你有什么不清楚，问别人，对方一定会告诉你，还害怕你没有听明白，反复给你讲。可见，华为内部是一个开放的学习、分享、交流平台。总之，封闭性凝聚着华为，使华为在扩张的过程中，保持队形不变；开放性确保华为不断学习进步，不断创造价值。这也是文化的力量。

吴越文化和夜郎文化杂交形成的任正非的理想主义（梦想文化）＋现实主义（务实文化），因长兄的责任担当形成的价值共享，因全面开放形成的拿来主义，共同构成了华为文化的基石。华为不投机，有远大理想又务实砥砺前行，有正确的价值共享机制，才激发出全体员工创造价值的热情。

华为文化是杂交文化、理想文化、务实文化、奋斗文化、共享文化等，主要有三大来源：中国传统文化的精华、西方企业的先进管理实践以及深受创始人任正非个人经历影响的文化价值取向。

▶▶ 提升顾客感知价值是企业赢得客户的唯一途径

真正促使企业持续成功的是"顾客价值"吗？"顾客价值"是偏客观的，而"顾客感知价值"是主观和客观都有。华为对于客户的价值，应该是顾客感知价值，而不是顾客价值，即客观上好的东西，顾客未必感觉好。"好酒也怕巷子深"，产品通过营销、树立品牌可以给顾客造成错觉，或者说一个好品牌的标志就是要客户乐于多付钱。

顾客的感知价值是做出来的还是吹出来的？有人说是做出来的，有人说是吹出来的。实际上，顾客感知价值是由三个方面共同实现的：I do（做）、I hu（吹）[①]、I cool（创新）。

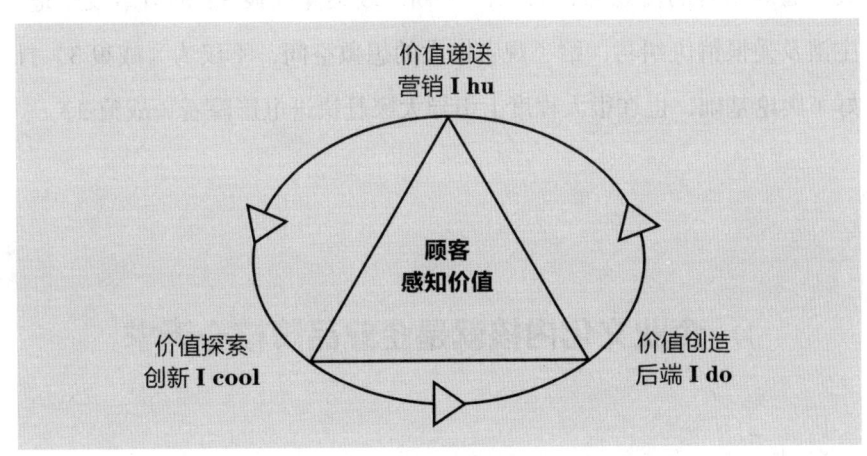

图 2-1　顾客感知价值

I do：实现顾客价值
I hu：通过产品包装及推广，让实际产品或服务溢价
I cool：持续创新能力，激发了顾客的想象空间

低配 OPPO/VIVO 卖高价，购买者还觉得性价比高。从产品角度看，其外形像苹果，应用级创新拍照 / 音乐做得好，虽然核心芯片配置低，但使用者也够用，拍照自带美图功能，成本低，双摄在前面，便于"自拍控"使用；从营销角度看，两家线下门店往往相伴开店，类似肯德基与麦当劳，门店的营销话术也是一流的。因此顾客感知价值好。

做得好、吹得好、常更新，才能产生良好的顾客感知价值。企业要

---

① I hu，即 I＝我，hu＝忽悠，形象地表示营销所起的价值传递作用，作者自创词，含有褒义。

持续提升顾客感知价值，必须提升三个方面：产品改进（核心技术或应用级创新）、品牌提升（溢价能力）、持续创新（购买想象空间）。

比如，《战狼 2》为什么大卖？第一，I do，从电影技术方面讲确实上了档次，与好莱坞大片有一比了；第二，I hu，影片中的人道精神、爱国主义、英雄主义影响了很多受众，各大论坛不断地进行话题炒作，吸引着观影者的注意力；第三，I cool，续集《战狼 3》的故事发生地、主演及爱恨情仇纠葛，给了观者极大的想象空间，不仅为《战狼 3》打好了舆论基础，也在很大程度上引导大家赶快进电影院看《战狼 2》。

▶▶ 企业文化内核就是企业品牌核心诉求

品牌意味着承诺，人们与企业互动"I do、I hu、I cool"的总和等于"品牌"。企业文化内核就是企业品牌的核心要素，对内体现为文化，对外体现为品牌。

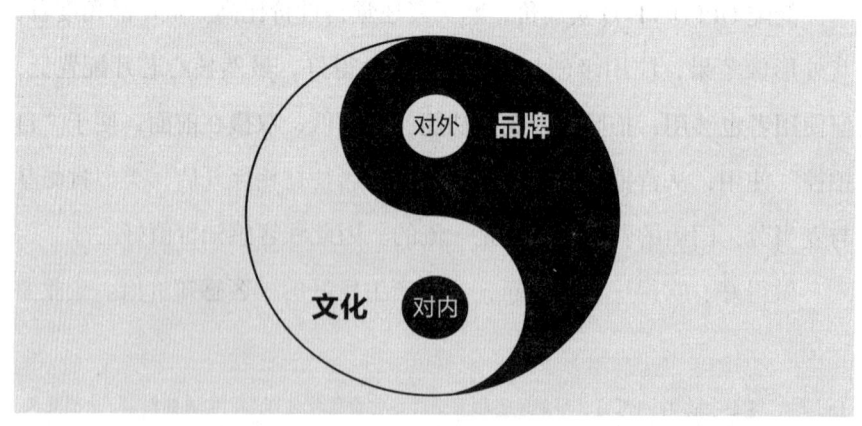

图 2-2　企业文化内核

如果企业文化与别的先进文化不能融合，不能兼收并蓄，最后是活不下来的。华为坚持走开放的道路，以自己的核心成长为基础，加强对外开放合作，把先进的管理和思想转化为自己的管理思想，发挥华为中国式文化、西方式管理的杂交优势。心胸有多宽，生存空间就有多大。华为文化是开放的，都是从世界的先进文化借鉴来的，就像洋葱一样，剥一层是日本的，再剥一层是欧美的……再剥一层是孔夫子的，再剥一层是反对孔夫子的，只要是好的，华为都要吸取，他们优秀的管理也要吸取。华为文化中的很多要素，都借鉴了古今中外的先进文化及管理实践，而这个"洋葱"剥到最后，剩下的核心是很小的，就是以客户为中心、以奋斗者为本、长期艰苦奋斗和坚持自我批判。

以客户为中心：这是华为认为的企业生存的基础。很多企业也把这句话作为企业理念，但基本没有像华为这样把客户理念深入企业价值观的骨髓，并且真正地把它当作各项工作的引领，植入各类工作流程当中。华为判断很多工作的标准，是为客户创造了什么价值，有没有端到端的客户问题解决方案的能力。在企业大到个人目光无所及、流程无所覆盖的程度时，这个核心理念就能引导着一线"听得到炮声的连长们"去有效地指挥战斗。

以奋斗者为本：奋斗者是认同企业的价值观和目标，努力付出去挑战目标获取最好成果的员工。华为树立了以奋斗为荣的文化氛围导向，对于奋斗者给予认同与鼓励，除了精神层面，在物质层面也不让"雷锋"吃亏，对于取得好成绩的奋斗者，则给予更多的激励与晋升。华为的"床垫文化""到艰苦的地方去""有任务挑难的上"的奋斗精神根植于每一个华为人的内心，这是华为快速成长，不断突破的力量源泉。

长期艰苦奋斗：华为没有任何稀缺的资源可以依赖，唯有艰苦奋斗才能赢得客户的尊重与信赖。奋斗体现在为客户创造价值的任何微小活动中，以及在劳动的准备过程中为充实提高自己而做的努力。

坚持自我批判：华为的危机意识和时刻自省使其得以持续地发展。电信行业本身就是一个快速革新和更新换代的行业，曾经耳熟能详的朗讯、北电、摩托罗拉陆续衰落。出于对生存和发展的焦虑，华为始终保持着如履薄冰的危机意识，这可以从《华为的冬天》一文中清晰地看到。不管是自然界还是人文社会，生于忧患而死于安乐是一个共性的规律，有饥饿感和生存压力的动物和组织都能释放出强大的生命力。在危机意识下长期保持艰苦奋斗和时刻自省的精神，是华为持续发展、保持组织活力的核心要素。

以客户为中心、以奋斗者为本、长期艰苦奋斗和坚持自我批判，对内是影响华为运营的核心内核支撑，对外是华为的核心品牌诉求。企业总结提炼企业文化时，文化内核对内应能融入企业运作的方方面面，对外能够最大限度表达企业的价值主张。

▸▸ 华为人格化核心文化系统

以客户为中心、以奋斗者为本、长期艰苦奋斗、坚持自我批判是极端灰度，站在四个极端点上，构成了华为文化内核的最大张力面积，是华为激活人的终极法宝。极致的常理就是真理，华为文化四句教构成了华为完整的人格化文化系统：

★（世界观）以客户为中心，为客户服务是华为存在的唯一理由；

★（价值观）以奋斗者为本，宰相必取于州郡，猛将必发于卒伍；

★（人生观）长期艰苦奋斗，前进的道路上不会铺满了鲜花，天道酬勤；

★（方法论）坚持自我批判，从泥坑里爬起来的人就是圣人。

以客户为中心是世界观，即华为看待世界的角度，客户是衣食父母，以客户为中心是瞄准经营靶心的世界观；以奋斗者为本是价值观，让有绩效的奋斗者获得更多合理回报，实现多劳多得；长期艰苦奋斗是人生观，华为没有可以依赖的资源，只有长期艰苦奋斗才能赢得尊重，赢得客户的信任，赢得商业成功；坚持自我批判是方法论，只有具有危机意识，才能自我批判，只有自我批判，才能取得进步与改进不足。

华为文化内核的奇妙之处在于：世界观＋价值观＋人生观＋方法论＝华为完整的人格化文化系统。就像一个具有完整独立人格的人一样，华为具有完整的人格化文化系统。这是巧合，还是任正非真实的人生在华为的写照？我认为华为文化就是任正非的人生写照，在摆渡车上、出租车排队处看到的任正非就是一个实实在在的奋斗践行者，华为文化内核是任正非自身文化内核的真实表达。

华为吸收了世界的先进文化，形成了人格化的文化系统——完整而又放之四海皆准的普适性文化系统，对内是有效黏结不同国籍、不同宗教信仰的全球员工的企业文化，对外是有效黏结广大客户及合作伙伴的品牌传播，是诠释华为成功及华为继续成功的核心要素。

▶▶ 企业激励的人欲假设

将马斯洛的人类需求（即"人欲"）层次理论优化改进后形成以下框架：

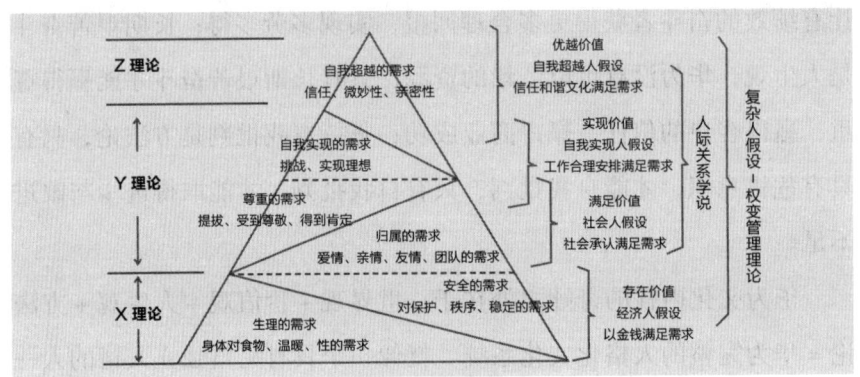

图2-3 人欲假设

其中，生理和安全的需求是 X 理论，以金钱满足为主要需求，体现人的存在价值，是经济人假设；归属和尊重的需求是社会承认满足需求，体现人的满足价值，是社会人假设；尊重和自我实现的需求是工作合理安排满足需求，体现人的实现价值，是自我实现人假设；自我实现和自我超越的需求是信任和谐文化满足需求，体现人的优越价值，是自我超越人假设；六个需求综合起来就是复杂人假设。

"人欲"归结起来就是五种情况：经济人假设（金钱物质）、社会人假设（社会承认）、自我实现人假设（工作安排）、自我超越人假设（信任和谐）和复杂人假设（全部需要）。

⇒ 经营企业就是经营人：人心、人性、人欲

人的思想是复杂的，大体可以分为人心、人性、人欲三个部分，共同构成了人复杂的思想系统。

表 2-1　人心、人性、人欲

人心	人性	人欲
执行力	自私	经济人假设（金钱物质）
凝聚力	贪婪	社会人假设（社会承认）
归属感	懒惰	自我实现人假设（工作安排）
忠诚度	虚荣	自我超越人假设（信任和谐）
向心力	恐惧	复杂人假设（身体心灵）

人心就是执行力、凝聚力、归属感、忠诚度、向心力；人性就是自私、贪婪、懒惰、虚荣、恐惧；人欲就是经济人假设、社会人假设、自我实现人假设、自我超越人假设、复杂人假设。

在企业经营管理中，人的自然状态是走向人性的自私、贪婪、懒惰、虚荣及恐惧，企业只有最大限度克服人性的自然状态，用满足不同人的人欲需求来激发人克服人性的自然走向，最终实现人心所向，完成企业经营管理目标，让企业产生期望的价值。

⇒ 华为文化四句教：抑人性，成就人欲

华为的成功在于抑人性，成就人欲，即克服人性的黑洞，弘扬人

欲，华为才获得发展的内在动力。人性让人想以自我为中心，华为以客户为中心抑制人性的自私，让为衣食父母服务成为其唯一存在的理由；人性让人想工作离家近、干活不累还挣钱多，华为以奋斗者为本抑制人性的贪婪，让有绩效的奋斗者获得合理的回报；人性让人想偶尔艰苦奋斗一下，就可以一劳永逸，华为以长期艰苦奋斗抑制人性的懒惰，让奋斗与服从成为激活组织的核心手段；人性让人都希望被拍马屁，说漂亮话，华为坚持自我批判抑制人性的虚荣，让危机意识与自我批判成为进步的文化张力。

表2-2 华为文化四句教

四句教	抑人性	成就人欲
以客户为中心	自私	基层：饥饿感（经济人假设＋社会人假设）
以奋斗者为本	贪婪	中层：危机感（社会人假设＋自我实现人假设）
长期艰苦奋斗	懒惰	高层：使命感（自我超越人假设＋复杂人假设）
坚持自我批判	虚荣	

华为又把成就"人欲"分为三个层次：基层，饥饿感，经济人假设＋社会人假设，主要以金钱物质满足需求；中层，危机感，社会人假设＋自我实现人假设，主要以工作安排满足需求；高层，使命感，自我超越人假设＋复杂人假设，主要以信任和谐满足要求。以此构建不同层面的人欲要求与奋斗者的方向灯塔，既是满足不同层次员工的核心需求，也是员工成长的核心标杆参数。

华为文化内核——以客户为中心、以奋斗者为本、长期艰苦奋斗、坚持自我批判是极端灰度，最大限度抑制了人性的弱点，弘扬了人欲，让依靠价值贡献在华为内部升官发财成为价值管理的核心文化支撑。

▶▶ 华为文化四句教，支撑内部价值管理"铁三角"

华为文化的核心目标是实现价值文化、绩效文化，华为文化四句教的核心就是支撑华为价值文化、绩效文化，是华为内部价值管理"铁三角"的核心文化支撑。

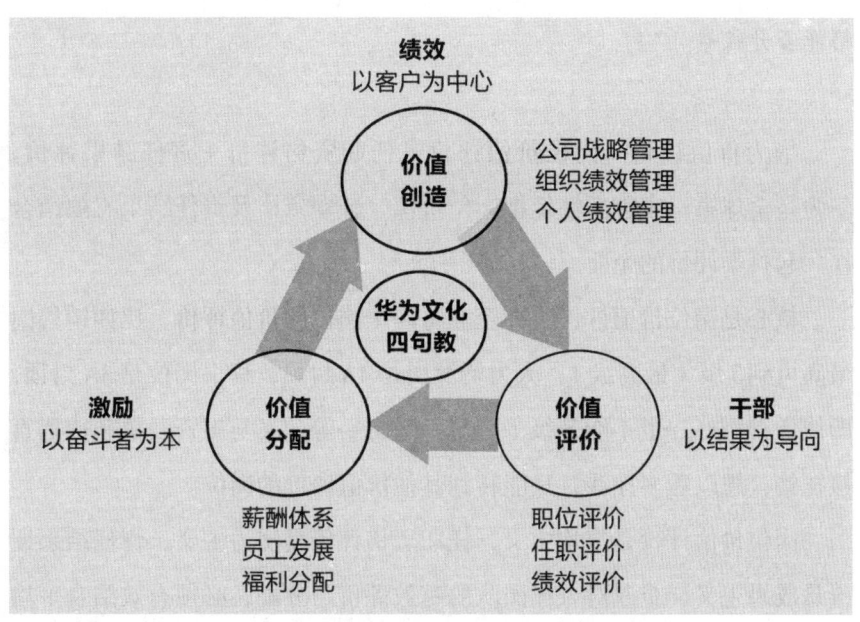

图 2-4　华为内部价值管理"铁三角"

华为内部价值管理"铁三角"——全面创造价值、正确评价价值、合理分配价值是极端灰度，站在企业价值管理的三个极端点上，构成了最大的价值创造张力面积：

★ 全面创造价值：华为通过战略与执行，把公司战略驱动转化为组织绩效考评与个人绩效考评，配合目标管理体系及"给火车头加满油"的激励驱动，实现全面的价值创造。

★ 正确评价价值：华为以职位价值评价为核心，以任职资格为能力评价，以责任结果为绩效考评的依据，构成华为完美的价值评价。

★ 合理分配价值：分配包括工资、补贴、奖金及长期激励。任职资格是能力评价，是长期价值贡献，一个人的任职资格决定一个人的工资及长期激励的股票或期权；责任结果是绩效评价，决定奖金及任职资格能否升级等。

华为价值评价＝岗位价值评价＋任职资格评价＋责任结果评价。华为是全球第一家创新性地把岗位价值、任职资格及责任结果三项结合在一起科学评价的企业。

核心是岗位价值评价，即企业每一个岗位的价值评价，比如销售岗最高可到 7 级（最高级），人力资源岗是 4A 封顶，秘书岗位是 3A 封顶，即使做得再好，也不能升级了。每一级每一等，又与工资及福利待遇直接挂钩，想以后多挣钱，只能转到其他价值评价的岗位。

岗位价值评价是平均主义，任职资格评价是实力主义，责任结果评价是成果主义。企业对人或团队的有效评价与分配，必须有效结合平均主义、成果主义、实力主义：

★ 没有平均主义，即分配绝对化，费力不讨好的事就没人愿意做，比如新产品、空白市场、难点市场，谁也不愿意做，都去抢基础好的产品或市场。企业有效体现平均主义的办法就是职位体系，平均主义体现企业的发展灰度哲学。

★ 没有成果主义，即没有绩效评价体系，也就没有结果导向，没有结果导向的企业就没有好结果。成果的定义是多方面的：销售额／销量、利润、高端产品／新产品／空白市场突破、合作伙伴发展等，不同岗位、不同团队、不同阶段的 KPI（关键绩效指标）牵引着组织的发展。成果主义体现企业的价值哲学。

★ 没有实力主义，即没有任职资格体系，个人和组织的长远发展动力就会不足，影响持续改善的价值贡献。实力主义体现企业的成长哲学。

平均主义（职位体系）代表灰度哲学、成果主义（绩效评价）代表价值哲学、实力主义（任职资格）代表成长哲学，彼此的关联又是什么呢？

平均主义（职位体系）是核心；新成果（绩效考核）＋原有实力认证（原任职资格）＋企业总体规划，确定新的任职资格，任职资格决定基础薪酬，即成果主义直接决定着实力主义的升降；在新的任职资格条件下，基础薪酬确定，实际收入多少则由新的绩效评定来决定。

平均主义＋成果主义＋实力主义＝完美的科学评价主义。只有平均主义、成果主义、实力主义紧密结合，才能实现一个企业的绩效文化。

▸▸ 内部价值管理"铁三角"，有效驱动顾客感知价值

华为以四句教为文化内核的文化体系，支撑华为内部价值管理"铁三角"。华为有效地处理好了价值文化的三个要素，实现了价值文化组织体系，这样才能有效驱动组织以客户为中心，全面创造顾客感知价

值，最终实现华为企业价值。

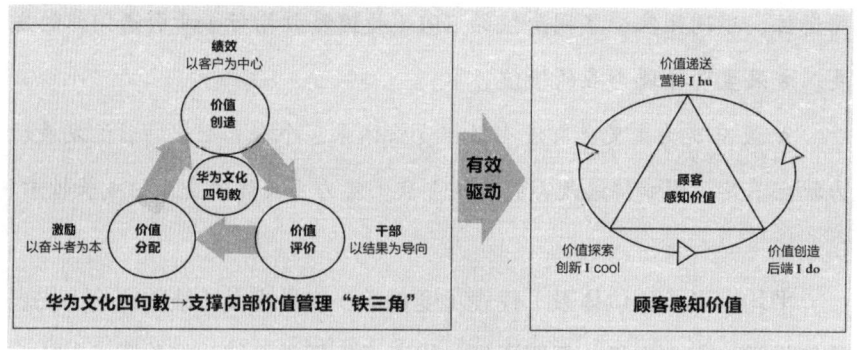

图2-5　有效驱动示意图

华为企业价值的实现动力来自文化内核，来自对企业价值管理"铁三角"的有效设计与执行。

▸▸ 华为文化＋：灭恐惧，投降没有出路

华为现在面临的现实是，和美国的关系处于一个比较紧张的阶段，要做好充分的准备。投降没有出路，因此，每条战线要收缩一些边缘性投资，同时在关键领域加大投资，避免生命线被卡住。正如任正非所说：

现在我们和美国"赛跑"，到了提枪跨马上战场的时候，一定要把英雄选出来。没有英雄就没有未来，英雄犯错了就下去，改了再上来。我们一定要改变用人的格局和机制。我们要敢于团结一切可以团结的

人，我们唯一的武器是团结，唯一的战术是开放。第二次世界大战后有一次人才大迁移，300万犹太人从苏联迁移到以色列，促进了以色列的高科技发展；现在美国这么排外，又有一大批科学家会离开美国，好在我们在世界各国都有科研中心，他们想在哪，我们就可以安置在哪。要敢于拥抱这第二次人才大转移，我们又有钱，又有平台，为什么不能，为什么要错过天赐良机？接纳人才，我们才能获得对未来结构性、思维性的突破。小家子气是交不到朋友、学不到东西的。

…………

我们公司整体情况是好的，整个公司嗷嗷叫，不怕谁。我们有能力自己站起来，不做亡国奴。大家要不断研究，加强国际交流，不断开放思想。我们只有敢于敞开心胸，容纳人才，我们才有未来！

加上任正非最近的讲话，投降没有出路（战争观），就是敢于打仗、敢于胜利，完整地克服了人性的五大黑洞。

表2-3　华为文化五句教

五句教	抑人性	成就人欲
（世界观）以客户为中心	自私	基层：饥饿感（经济人假设＋社会人假设） 中层：危机感（社会人假设＋自我实现人假设） 高层：使命感（自我超越人假设＋复杂人假设）
（价值观）以奋斗者为本	贪婪	
（人生观）长期艰苦奋斗	懒惰	
（方法论）坚持自我批判	虚荣	
（战争观）投降没有出路	恐惧	

华为文化＋的内核就是五句教：以客户为中心、以奋斗者为本、长期艰苦奋斗、坚持自我批判和投降没有出路，分别克服自私、贪婪、懒惰、虚荣、恐惧五大人性黑洞，构成华为更加完整的人格化文化内核系统，更能成就华为人欲的需要，实现商业成功。

无论"投降没有出路"能否正式纳入华为企业文化内核，针对新的国际形势，华为多年有效的国际市场拓展策略都将发生改变。

▶▶ 华为 22 条员工军规

华为员工军规原来有 21 条，但没有进行结构化梳理，显得比较杂乱与随意，我增加"投降没有出路"分类，并增加第 22 条员工军规，根据华为文化内核类别，把 22 条员工军规的次序进行了调整，形成以下结构化的员工军规，更加易于理解与学习。

表 2-4　华为 22 条员工军规

分类	员工军规
以客户为中心	1. 商业模式永远在变，唯一不变的是以真心换真金 2. 如果你的声音没人重视，那是因为你离客户不够近 3. 只要作战需要，造炮弹的也可以成为一个好炮手 4. 胶片文化让你浮在半空，深入现场才是脚踏实地 5. 逢迎上级 1 小时，不如服务客户 1 分钟 6. 如果你想跟人站队，请站在客户那队
以奋斗者为本	7. 永远不要低估比你努力的人，因为你很快就需要追赶他了 8. 讨好领导的最好方式，就是把工作做好 9. 忙着站队的结果只能是掉队 10. 不要因为小圈子，而失去了大家庭 11. 从事第二职业的，请加倍努力，因为它将很快成为你唯一的职业 12. 在大数据时代，任何以权谋私、贪污腐败都会留下痕迹
长期艰苦奋斗	13. 所有想要一夜暴富的人，最终都一贫如洗
坚持自我批判	14. 那个反对你的声音可能说出了成败的关键 15. 如果你觉得主管错了，请告诉他 16. 简单粗暴就像一堵无形的墙把你和他人隔开，你永远看不到墙那边的真实情况 17. 大喊大叫的人只适合当啦啦队，真正有本事的人都在场上呢 18. 最简单的是讲真话，最难的也是 19. 你越试图掩盖问题，就越暴露你是问题 20. 造假比诚实更辛苦，你永远需要用新的造假来掩盖上一个造假 21. 公司机密跟你的灵魂永远是打包出卖的
投降没有出路	22. 现在华为和美国"赛跑"，到了提枪跨马上战场的时候，一定要把英雄选出来。没有英雄就没有未来，英雄犯错了就下去，改了再上来

▶▶ 华为文化发展的五个阶段

如何为华为文化内核增加"投降没有出路"？华为文化的发展可以分为以下五个阶段：

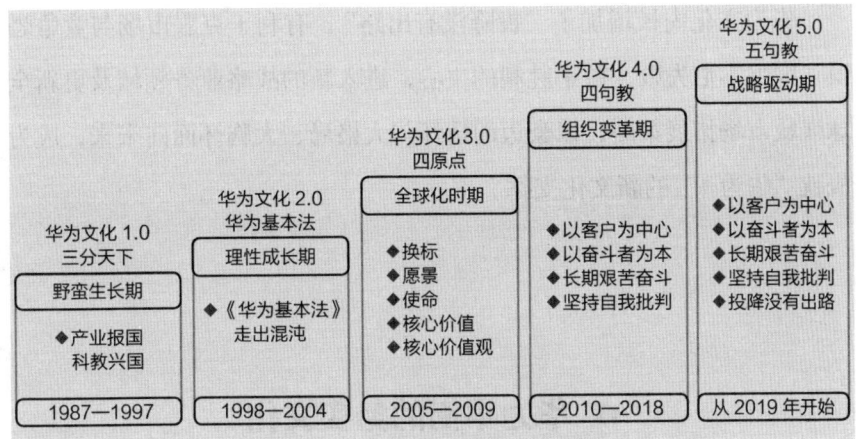

图 2-6　华为文化发展的五个阶段

★华为文化 1.0（野蛮生长期，1987—1997 年）：产业报国、科教兴国，任正非提出了三分天下有其一的宏大构想。

★华为文化 2.0（理性成长期，1998—2004 年）：以《华为基本法》出台为分界线，代表华为走出混沌，走上有战略与顶层设计的科学管理发展之路。

★华为文化 3.0（全球化时期，2005—2009 年）：华为换新 LOGO，明确提出愿景、使命、核心价值、核心价值观四个企业文化原点。

★华为文化 4.0（组织变革期，2010—2018 年）：华为文化内核四句教（以客户为中心、以奋斗者为本，长期艰苦奋斗、坚持自我批判）

的形成及有效领导企业体系运作。

　　★ 华为文化 5.0（战略驱动期，从 2019 年开始）：华为全球化发展面临新的战略抉择，业务战略方向与区域市场拓展都面临重大挑战，面临发展瓶颈，如果处理不好，5 年后，华为将成为一家平庸的公司，华为需要确立新的战争观。

　　华为文化内核增加了"投降没有出路"，有利于克服市场与竞争恐惧，增强不怕失败、敢于胜利的决心，进入新的战略业务领域及更新全球区域市场拓展策略，以豪迈的情怀与大格局、大胸怀面向未来，成为成就"华为 +"的新文化支撑。

▶▶ 华为平衡的务实文化

　　对世界本源的认识不同，会产生不同的文化。人类对世界本源的认识是模糊的，有些甚至与巫术相结合，因此产生了不同的思想与世界观：

　　★ 西方：崇尚个人主义、自由主义、乐观主义、博爱、科学。
　　★ 儒家：世界的本源是"一分为二，二分为四，四分为八"。
　　★ 道家："道生一，一生二，二生三"，道可以派生万事万物。
　　★ 佛家：空就是色（万物），色就是空。

从哲学的角度来看，全球的文化大体可以用三个字来概括：人、从、众。

★ 人（欧美）：崇尚个性。

★ 从（中国）：强调遵从。

★ 众（日韩）：集体奋斗。

欧美为什么崇尚个性，也就是"人"文化呢？欧美过去是偏执的神学，如果不信国教就是异教徒，要被烧死，教会代表上帝的旨意，残酷地剥削教民，过着奢靡的生活。16 世纪宗教改革后，教徒可以直接向上帝忏悔，摆脱了教会的制约，摆脱了思想的专制主义，欧美人对"自由""个性""独立"更为渴望，形成了他们的"人"文化。

中国为什么是"从"文化？与欧美的哲学不同，中国是自然哲学，中国历朝历代，都没有强制全体人民信仰某一种教，信仰一直是比较自由、松散的。比如，佛教在唐朝盛行，但当时国教是道教，各种宗教也都相安无事。没有国家强制，中国人从古到今，在思想上大体还是自由的、灵魂是相对独立的。从《易经》到道家哲学，中国人遵从自然法则，形成了中国"从"文化。

日韩为什么重视"众"文化？在很长时间里，朝鲜半岛上的国家是中国的藩属国，日本是中国的"粉丝"，日韩资源缺乏，国民内心有强烈的危机意识，需要抱团取暖。强烈的团队意识和危机意识，一直是日韩社会的基本特征，形成了日韩"众"文化。

四大文明古国，只有中国文化没有中断，什么原因呢？实际上就是中国文化非常务实，务实就是讲究实际、实事求是。这是中国农耕文化里较早形成的一种民族精神。孔子不谈"怪、力、乱、神"，就已把目光聚焦在社会生活上。王符在《潜夫论》中说："大人不华，君子务实。"王守仁的《传习录》："名与实对，务实之心重一分，则务名之心轻一分。"这些思想，就是中国文化注重现实、崇尚实干精神的体现。它排斥虚妄，拒绝空想，鄙视华而不实，追求充实而有活力的人生，中国古代文明因此而灿烂辉煌。务实精神作为传统美德和生存的基本智慧，仍在华为当代生活中熠熠生辉。

如何做到真正的"务实"？在尊重客观规律（从）的前提下，合理的自由（人）和不自由（众）。华为的务实文化，就是人、从、众文化的平衡，在尊重"完美地服务客户，必须艰苦奋斗"这一个客观规律下（从），尊重每一个人（人），但要求个人服从组织，无条件适应工作调动或异地工作（众），即以"从"为主，"从＋人＋众"平衡的务实文化。

"人、从、众"文化的杂交，华为以"从"为基础，综合"人"（尊重每一个人）和"众"（不迁就任何人），激活了华为人生生不息、战斗不止的铁军本色，形成了华为人不进则退的铁血传统。

"从"文化的优点是效率高（搞开发、修房子，没有一个国家能够有中国的效率）。"从"文化的缺点是"从"偏了，问题就大了，即决策错了问题就大了，优化办法是吸纳民主制决策的优点，最大限度地保证决策不出现重大失误，在执行方面保持超强的执行力。

华为对"从"文化的优化，采取民主集中机制，成立包括董事会、IRB[1]、IPMT[2]等各种管理委员会或办公委员会，形成各种层面的委员会决策体制，并在重大问题上实行一票否决制度，从而最大限度地保证了决策的正确性。

---

[1] Investment Review Board 的缩写，即投资评审委员会。
[2] Integrated Portfolio Management Team 的缩写，即集成组合管理团队。

▶▶ 华为彻底的民主集中

扩张与效益，团队与个性，控制与活力，过程与结果……这些都是企业管理中既相互对立又相互依存的矛盾，矛盾的哪一方都不可偏废，它们是共同推动企业发展的两股力量。

那么，怎么实现既要扩张，又要效益；既要团队，又要个性；既要有效控制，又要充满活力；既要强调结果，又要规范过程呢？能不能同时实现两股力量、矛盾两方的均衡作用呢？能不能建立起一种矛盾双方既对立又相互促进的机制，避免发展的大起大落呢？这是企业均衡发展、可持续成长的根本命题。

实践表明，这是可以做到的，而且只要可能，就必须如此。这是一种矛盾管理方式，用任正非的话来说，这叫作"拧麻花"。两股对立的力量同时起作用，相反相成，就像拧麻绳一样，一个往左使劲，一个往右使劲，结果是绳子越拧越紧。

虽然任正非自称"甩手掌柜"，但却真正主宰着华为帝国的每一次攻伐。华为的有效运作，离不开公司决策的民主与集中这一矛盾的相互制约。华为是"从贤不从众"的文化，要保证贤（集中，权威管理）尽可能正确，必须匹配民主模式。在华为的治理结构里，都会成立办公会议、行政管理团队，在公司级各功能组织间成立跨部门的委员会，如战略与发展委员会、人力资源委员会、审计委员会、财经委员会等。

办公会议、行政管理团队、委员会等三种组织的职责各有不同，议事规则也不同。对提议权、批准权、否决权实行"三权分立"。如：办公会议主要负责部门日常业务运作，强调首长负责制，首长有最后的批准权；行政管理团队主要负责人力资源相关工作，如干部选拔评议、绩效考核、调薪、股权发放等，强调集体决策，一人一票，团队领导有最后的否决权，没有最后的批准权；委员会侧重于务虚，讨论公司的未来发展方向等，对重大决策有否决权。

在干部任命上，更强调"三权分立"，如部门首长有提名权，没有批准权；管理团队有批准权，没有提名权；委员会有否决权。党委考察干部品德，有一票否决权。这种分权的治理模式，可能使效率下降一点，但是也避免了决策出现重大失误，因为在中国做一个国际化的跨国公司，在 100 多个国家设有分支机构，聘有数万名外籍员工，毕竟没有经验可循，只有战战兢兢、如履薄冰，一步一个脚印。

让更多人参加重大问题的讨论，重点不在于结论，而是在讨论过程中，大家可以充分参与、相互学习、达成共识。民主集中机制包括民主和集中两个方面，二者密切相关，缺一不可。民主是集中的基础，只有充分发扬民主，才能达到正确的集中；集中是民主的指导，只有实行高度集中，才能实现真正的民主。民主集中机制是要使民主和集中二者辩证地统一。

围绕着共同的目标，使各方面的意见得以充分发表，然后对其中科学的、符合实际要求的，通过集中形成统一的意志，作为共同的行动准则。民主是相对集中而言，自由是相对纪律而言，这些都是一个统一体中矛盾着的两个侧面，它们是矛盾的，又是统一的。华为在公司决策体系建设中创新而彻底地运用了民主与集中机制。

华为内部在民主集中机制的执行方面非常彻底，从而在最大程度上避免了企业跑偏，确保了组织公平、公正、公开运行。

▸▸ 华为长期的奋斗文化

在华为，奋斗程度不是用工作时长来衡量的，奋斗的关键也不是员工做了什么，而是员工为什么要这么做。我把员工创造的价值分为两类：一是战略价值，为公司提供长期生存的机会；二是战术价值，帮助公司度过每一天。奋斗和创造价值的关键在于员工要牢记华为的核心价值观。

如何定义"奋斗"？字典上说奋斗是指为了达到一定目的而努力干。这个定义很准确，但对华为来说，需要员工思考如何行动才能成为奋斗者。不同的员工可能在同一方面同样专注投入，但创造的价值可能会完全不同。华为需要设计能够准确衡量价值的框架，这可不是件容易的事。

华为是否能够从工时系统找出工时最多的那个员工作为最勤奋的员工？每周工作 85 小时的员工是否就比每周工作 60 小时的员工更勤奋？华为不这么做，因为奋斗程度不是用工时衡量的。

奋斗的关键不是员工做什么，而是为什么要这么做。心态比行为更重要，心态正确才可能有正确的行为。再看前面提到的两种员工，假设他们除了心态之外，其他各方面都不分伯仲。每周工作 85 小时的员工不明白主管为什么给他这么多任务，只是按照主管的要求完成任务，对任务本身以及结果并不关心。他想的是"这是对我的工作要求，我这么做，主管才会满意"。每周工作 60 小时的员工收到了同样的任务，从中找到价值，不满足于简单平庸地完成任务，而是思考"我要怎么做才能给公司创造价值"。大家想想哪位员工才是真正的奋斗者？

奋斗的员工是否会一直奋斗？曾经创造战略和战术价值的员工是否

会一直创造价值？答案是不一定。奋斗的员工可能因为各种原因暂时减少工作投入，如因为刚刚有了小孩或因为父母生病，但并不是说他们就不再奋斗了。管理者应该关注员工行为变化的根本原因。短期行为变化不应该影响长期激励。

华为应牢记奋斗和创造价值紧密围绕着核心价值观。华为的每个决策都应牢记以客户为中心，在做出任何行动之前都应自问：这么做是否会给客户带来价值？这种价值分直接价值和间接价值。直接价值包括为客户解决问题或提供方案，间接价值包括优化内部流程，降低运营成本，进而降低 TCO[①]，从而为客户带来价值。

有人说，华为倡导的长期艰苦奋斗和工匠精神似乎与互联网所倡导的理念相悖，称互联网企业强调员工快乐工作，强调人人都是 CEO，强调去 KPI，强调扁平化管理、去中心化，但这与事实有很大差距。时至今日，以国内居于不同"软入口"垄断地位的 BAT（百度、阿里巴巴、腾讯）为例：

★ 哪一家公司的员工可以自由散漫地工作，以快乐为中心？

★ 哪一家公司不是个人围绕组织目标去奋斗，各自以 CEO 为战？

★ 哪一家公司没有科学的 KPI 管理，干到哪里算哪里？

★ 哪一家公司做到了扁平化管理，颠覆 1 人有效管理 7 ~ 10 人的客观规律？

★ 哪一家公司不是高度垄断的企业（"中心化"比传统企业还厉害），还在大肆收购对自己有威胁的企业？

---

① Total Cost of Ownership 的缩写，即总成本。

实际上 BAT 的运作与华为大同小异，在股东对业绩高增长的压力下，都是研发占很大比重的企业，都是奋斗文化，都是中国收入比较高、加班比较多的企业，都是高度中心化的企业。BAT 只是利用互联网形成新特征的企业，并且增长率开始接近传统企业，也意味着 BAT 渐成传统企业，但 BAT 遵循的商业逻辑没有变，管理的本质没有变，互联网成功文化与传统商业文化没有变。

在全球互联网行业，残酷的竞争导致奋斗文化的流行。任正非发现，"不眠的硅谷"与华为一样是奋斗文化，美国谷歌等企业工作的疯狂程度是无与伦比的。占据行业垄断地位的谷歌也不敢怠慢，据知情人士透露，谷歌良好的工作环境只是为了换取员工更多的精力投入工作，20% 的自由支配时间实际上多是加班时间，也可以说谷歌表面宽松的工作环境实质上是华为"床垫文化"的升级版。

互联网是管理与营销的工具，所谓的互联网文化是不存在的，都遵循正规军打败游击队的逻辑，只有奋斗者才能成功。占据垄断地位的BAT、谷歌不存在互联网文化，尚在成长中的互联网企业也不可能存在互联网文化，都应该踏踏实实地用互联网的方式去优化内部运营管理，夯实基础管理平台，做好企业营销推广。

滴滴出行联合第一财经商业数据中心、无界智库发布了《中国智能出行 2015 大数据报告》，其中选取了互联网、金融、能源、通信、制造业、快消、服装、媒体等行业具有代表性的 52 家企业。来看看 2015年度十大"最奋斗"公司的下班时间：

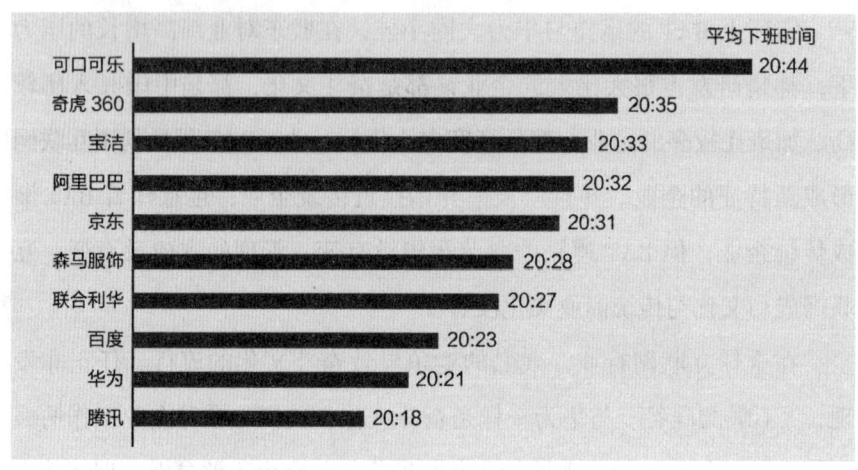

图2-7 十大"最奋斗"公司下班时间排行

所谓"最奋斗",也就是平均下班时间最晚。在Top10的公司中,互联网公司占据"半壁江山",这一年阿里巴巴和京东狂打促销战、老周努力卖手机、百度忙着布局O2O……互联网行业时刻在变化,不得不说,巨头们今天的成就少不了员工们披星戴月的加班。

其次加班最多的为快消行业,占据了Top10中的三个位置。可口可乐平均下班时间为20:44,将以下班晚著称的互联网公司甩在身后,夺得年度"最奋斗"公司冠军,全公司的人几乎都在近21:00下班,也是够拼的。老牌的快消企业宝洁和联合利华相爱相杀,双双上榜,宝洁比联合利华平均晚下班6分钟,难道说两家公司的差距就在这6分钟里?

万万没想到的是,森马服饰也上榜了,且排名第六,以一己之力证明了服装类行业2015年忙得不可开交。华为就不用多说了,虽然下班晚,可是人家赚得多呀。

在互联网公司中,奇虎360下班最晚,平均下班时间为20:35,位于酒仙桥的360大厦,凌晨后灯就没熄过,简直就是全北京"夜空中最亮的星",360这一年为卖手机也是蛮拼的。BAT三巨头中的阿里巴巴更拼，"双 11""双 12"等购物节全员加班不眠不休，平时动不动就"996"，加班猛也是业界出了名的。上榜的还有 2015 年搬到亦庄的京东，位于"宇宙中心"五道口的新浪、网易、搜狐和位于西二旗的小米。

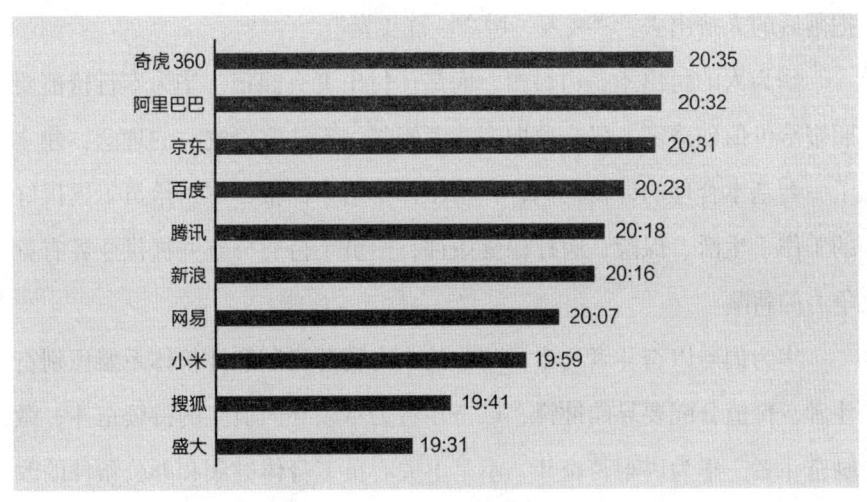

公司	下班时间
奇虎360	20:35
阿里巴巴	20:32
京东	20:31
百度	20:23
腾讯	20:18
新浪	20:16
网易	20:07
小米	19:59
搜狐	19:41
盛大	19:31

图 2-8　十大互联网公司下班时间排行

从实际的数据来看，中国"最奋斗 10 强"，一半是互联网企业。互联网企业的工作都辛苦，哪有什么快乐、自由的互联网文化？互联网企业受到的威胁最直接，压力持续性更强。如果非得说互联网有独到的文化，第一条一定是"长期的奋斗文化"，不进则被淘汰，危机意识最强，一刻也不能松懈；第二条，互联网强调用户体验，做产品精益求精，让用户有超乎想象的体验，即极致思维，其实也就是精工精神，这与华为的奋斗文化是完全一致的。无论是互联网企业还是其他类型的企业，要成为卓越甚至伟大的企业，都需要奋斗文化和精工精神。

不奋斗、不付出、不拼搏，华为就会衰落！拼搏的路是艰苦的，但苦中有乐，苦后有成就感，有更高收入，对公司未来更有信心。快乐是建立在贡献与成就的基础上，关键是让谁快乐？企业要让价值创造者幸福，让奋斗者因成就感而快乐；如果企业让懒人，让庸人，让占着位子不作为、混日子的人快乐，让不创造价值的人幸福和快乐，这个企业就离死亡不远了。企业完蛋了，员工还会快乐吗？华为的薪酬制度就是要把落后的人挤出去，"减人、增产、涨工资"。

华为人的付出不是白付出，而是让付出者有回报。华为奉行价值要回报给价值创造者、机会要向奋斗者倾斜、不让雷锋吃亏的理念，建立了一套基本合理的评价机制，并基于评价给予回报，尽量给员工提供好的工作、生活、保险、医疗保健条件，给员工持股分红并提供业界有竞争力的薪酬。

华为倡导以奋斗者为本，华为的人力资源机制和评价体系要识别奋斗者，价值分配要导向冲锋，以奋斗者为本，导向员工的持续奋斗，激励奋斗者。华为讲艰苦奋斗，不是不关心员工身体健康和办公条件的改善，而是在不断改善工作和生活物质条件的基础上，在思想上始终保持艰苦奋斗，在行动上一切以客户为中心，竭尽全力持续为客户创造价值。

长期坚持艰苦奋斗，敢于自我批判，这是一件很难的事情。尤其是中高层管理人员，有了钱以后，他不愿意艰苦奋斗了，怎么让他继续艰苦奋斗，有没有干部能上能下的机制？华为的市场部集体大辞职，不是说所有人都走了，而是华为在从游击队变成正规军的过程中，有相当一部分干部，包括市场部的总裁已经不适应这种模式了，但他是以前的功臣，怎么能让这些人下来，就搞了一个市场部大辞职的仪式。当时有个主题叫"烧不死的鸟是凤凰"，意思是虽然我被烧了，但是我的羽毛发出的光照亮了后人的道路，是很光荣、很悲壮的。

要成为真正的大人物，付出的辛劳代价，一定不比华为人少。我和美国、欧洲公司的创始人一起聊天，发现他们所走过的路也是非常艰苦的。真正想做将军的人，是要历经千辛万苦的。

长期艰苦奋斗的文化是不会变化的。这不是中国特色，而是人类特色。第一，你要成功，就要奋斗。第二，你要想吃饭，就得要做工，没人为你做牛做马。凭什么让你享乐，让其他人挣钱养活你啊？

一个企业组织在平稳发展之时，最怕的不是山头主义，不是腐败，而是怠惰，是组织疲劳。就像人们说的"温水煮青蛙"，组织有了一段历史后，就开始慢慢变得板结起来，没有了奋斗精神。

因此，组织在早期要强调活力，要有海盗精神，甚至匪性。说华为把秀才造就成了战士，忽略了一个中间环节，那就是把秀才变成土匪，让他们有匪性。这难道是中国人的发明吗？这其实是真真正正的人类普遍的组织成长的价值观。欧洲人是怎么走到今天的？几百年前的西班牙、葡萄牙怎么能够成为当时的世界霸主？靠的是什么？靠的是海盗精神。当他们富裕起来的时候，就开始搞资本市场，金融至上，开始忽视实业，开始普遍享乐，那种狂欢的文明，衰落是必然的。后来英国怎么崛起的？当时的英国女王给那些到全世界掠夺财富的英国海盗们颁发了批文，叫"探险"。正是这种掠夺式的探险，才使得大英帝国在巅峰时期统治了大半个世界。

华为讲匪性，听着是贬义词，实际上匪性的根本是活力。华为的警惕意识与自我批判意识非常强。一个企业，一个组织，如果总是背负成功与辉煌的包袱，这个企业其实也离死亡不远了。所以，任正非说华为是没有历史的公司。

在华为的任何角落都看不到华为过去的历史，没有任何一张图片有任正非的形象，全球各地的办公场所看不到任何关于中央领导视察华为的照片。华为是一个没有功臣的公司，华为一位高管说，华为是一个不承认功臣的公司，老板也是，也就是说任正非退休以后，也不会被供在华为的殿堂里。

任正非说过，我从来不在乎媒体现在、今天、明天怎么看我。我也不在乎接班人是否忠诚，接班人都是从底层打出来的，打出来的英雄同时又能够进行自我否定、自我批判，同时又有开放的胸怀，又有善于妥协的精神，同时在看人的问题上能够有多元视角，而不是黑白分明，他就是自然而然成长起来的领袖。领袖不是选拔出来的，是打出来的。这也是华为跟很多企业、很多组织很不同的特点。

恐惧造就伟大，任何组织、个人，如果没有与成长相伴随的不安全感，没有那种始终追随着的不安的影子，就可能会变得很放松、很悠闲。但是，这种放松跟悠闲可能造成的结果是：在一个猝不及防的打击面前，你的安逸、你对危险的麻木，会导致组织快速地崩溃。

华为生存于一个丛林世界，每时每刻都被危险包围着。如果不始终保持对危险的警觉，就会变得麻木、麻痹，危险可能就悄无声息地由一个黑点变成一个黑影，由一个黑影变成一片巨大的乌云，笼罩在组织的头上。电影《少年派的奇幻漂流》中的老虎是指内心的那只老虎，内心的老虎无非是华为人说的恐惧。所以，保持恐惧并战胜恐惧、保持不安全感并战胜不安全感的过程，就是企业走向成功的过程。

华为今天是全球电信制造领域的领导者，但今天的华为恰恰可能是它最脆弱的时候。为什么呢？成功容易让一个人变得怠惰和自大，让一个组织变得盲目骄傲和故步自封。精美的地毯下布满了细菌，一个组织如此，一个企业同样如此。警惕这些细菌的滋生繁衍就是在为企业加固未来。

因此，保持一种恐惧感，才会有足够强的海盗精神。保持自我批判，也是华为文化很重要的一部分。其实西方文明有两个核心元素，一个是奋斗精神，另外一个就是自我批判。西方国家能够走到今天，就是它总在对自身发展过程中所携带的病毒基因进行不断清洗。以美国为例，它整个的制度设计，媒体对政府的监督，美国学者们对政府的各种批评，都是自我批判。所以，美国能够走到今天，就是因为华盛顿的上空总有乌鸦在叫，总是在传播一种不祥的警告，给所谓的盛世敲警钟。

有生命力的杂交文化、平衡的务实文化、彻底的民主集中、长期的奋斗文化共同构成了华为文化的基本内涵，成为华为发展的内在文化动力，最终实现华为的价值文化、绩效文化，让华为取得耀眼的商业成功，成为卓越的企业，华为文化＋也是推动华为成为伟大企业的真正动力。

第 3 章

华为组织 +

企业之间竞争的核心是组织力的竞争。我通过多年研究，发现组织力由组织的硬结构、组织的软能力及运营管理能力三大要素构成。如果一个组织的硬结构设置不合理或不健全，会严重影响组织能力的发挥，合理的组织设置与职能定位，才能有效发挥组织的协同效应；如果组织的软能力不足，组织就会缺乏对外服务或征服能力、对外扩展能力、组织激活能力及组织自驱能力；运营管理能力主要体现在组织的战略聚焦、业务流程及组织激活三个方面，决定着组织的运行效率。

▸ 华为的成功靠组织力，而不是靠先知先觉的战略

华为没有创新的商业模式，没有独特的战略，甚至没有重大的原创性技术创新，但华为取得了巨大的成功。华为的对手认真研究华为后发现，华为没有秘诀，都是常识，但华为做得到，其他公司却做不到，这就是差距。华为的成功，一直不是靠战略的前瞻能力，而是在业务价值得到确认后，依托组织力的强大，饱和攻击，后发先至。

做手机业务是被中兴逼的。大约 20 年前，运营商开展预存话费送手机的活动，有海量的采购需求，中兴做了手机，为了避免业务差异化，中兴用手机盈利反过来补贴通信产品，参与市场竞争。华为为了压制中兴，才开始做手机。随着智能手机的出现，智能手机作为轻奢品，依靠技术、设计进步与品牌树立，可以不用拼价格，同时华为的人力成本太高，只能选择高质高价的业务战略，华为改变了拼低价的价格认知，从此走向了成功，为华为走向消费电子（含汽车）奠定了第二条主航道。

独立做公有云业务是被阿里逼的。华为不进入信息服务业是《华为基本法》第一条，受制于运营商，华为一直没有进入公有云服务市场。但公有云将会改变整个信息化行业的服务形态，阿里咄咄逼人的态势，使得华为在 2017 年 3 月成立了 Cloud BU，正式进入公有云行业。国内公有云行业将进入残酷的搏杀阶段，我预计阿里云十年内无法盈利。

华为的商业成功不是靠先知先觉的战略能力，因为商业模式与战略是容易模仿的，但组织力是难以模仿的，华为一直是成功的竞争驱动型公司。公司较弱时，主要借助快速开发适应性业务，实现差异化战略，取得成功；公司成为强者后，依靠产品金字塔、不上市、客户持续采购需求及组织体系的巨大差异化优势，在业务上实行差异化战略，后发先

至，取得市场成功。

组织力是企业竞争力的核心，华为是如何构建组织力的呢？

▸▸ 华为组织力发展的五个阶段

华为从成立到现在已经走过 30 多年的历程，这些年，其战略不断在依据环境的变化而调整，组织结构也在随着战略不断优化，从而始终都处于一个发展的进程中，因此这么多年，华为始终是中国企业发展史上的一面旗帜。

战略决定结构，结构也在反作用于战略。华为 30 多年的发展历程，也非常好地诠释了这一点。华为在进行阶段性战略调整的同时，为了支

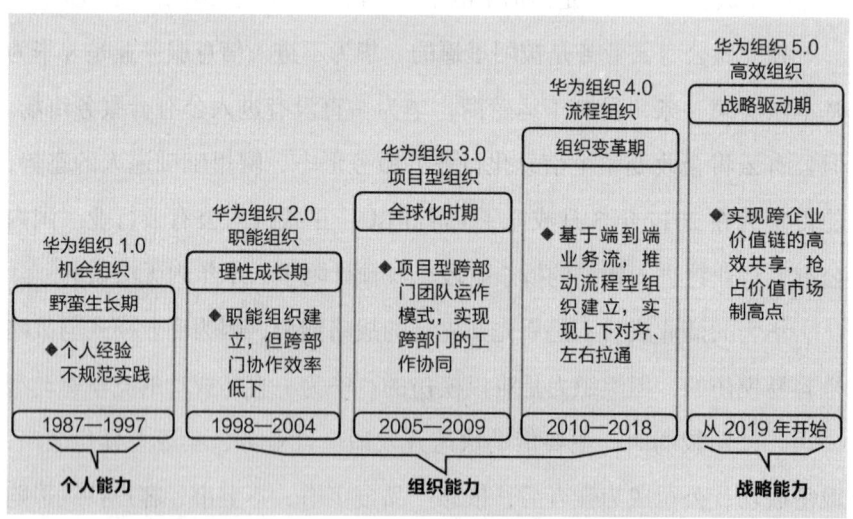

图 3-1 华为组织力发展的五个阶段

撑公司战略的实施与达成，也同步进行了一系列的流程再造、组织结构变革，从最初的直线型组织结构，逐渐演变成了军政、军令组织结构。

★ 华为组织 1.0（野蛮生长期，1987—1997 年，机会组织）：创业求生存，依靠个人经验和不规范的实践。

★ 华为组织 2.0（理性成长期，1998—2004 年，职能组织）：职能组织建立，但跨部门的协作效率比较低，华为有所改变，建立人力资源系统、管理体系、流程体系，通过管理变革，华为 2004 年销售收入达到462 亿元人民币。

★ 华为组织 3.0（全球化时期，2005—2009 年，项目型组织）：项目型跨部门团队运作模式，实现大范围的跨部门工作协同。华为商业模式变革期，它不再是简单地卖通信设备，而是提出要做电信解决方案供应商；过去是把竞争对手击倒，这个阶段把对手叫友军，竞争变竞合，整个组织变革面向客户。

★ 华为组织 4.0（组织变革期，2010—2018 年，流程组织）：基于端到端的业务流程型组织建立，实现上下对齐、左右拉通，追求云—管—端一体化。

★ 华为组织 5.0（战略驱动期，从 2019 年开始，高效组织）：通过业务战略与区域拓展战略的双驱动，实现跨企业价值链的高效共享，抢占价值市场制高点。

信息化行业的业务纵深长、横向宽，全球市场又非常广阔，华为只要聚焦产业链与全球市场的拓展，依靠强大的组织力，华为以被动战略照样可以获得高速发展机会。当前，华为在信息化行业的可参与空间正在趋于缩小，如果业务战略和全球区域拓展战略不做出适时调整，华为

5 年后将成为平庸公司。

一个企业的成长，往往在面临绕不过去的坎时，必须来一次深层次的变革，不管是人力资源变革、组织变革还是战略变革，只要转过去了，企业就迈上一个新台阶，转不过去，就会在台阶上徘徊，然后慢慢下滑。华为应该由被动战略变成主动战略，主动进入数据服务和汽车业务，主动变阵应对以北美为核心的区域市场拓展战略，这样才能赢得今后数十年可持续高速发展需要的最佳市场空间。

华为的人力资源体系是一套真正的价值评价体系，解决了价值创造、价值评价、价值分配的机制，这套人力资源体系是最可学的。华为从一次创业到二次创业，跟其他企业不一样的地方是，做顶层设计不是简单地摸着石头过河，而是先把思路捋清楚，怎么干，分配体系向谁倾斜。现在民营企业面临的最大问题是什么？就是头痛医头、脚痛医脚，所有的绩效制度、分配体系全是应急的，缺乏顶层设计。

▸▸ 华为组织硬结构：军政、军令体系

华为 1987 年创立，短短 30 多年，就成长为全球互联网设施及服务全产业链的领导者，秘诀究竟是什么呢？有人拿中兴做对比，认为华为的优势是民营机制，可以力出一孔、利出一孔，大老板打败小老板；有人从文化角度，说华为的核心竞争力是"以客户为中心、以奋斗者为本、长期艰苦奋斗"；有人从管理角度，说华为成功的关键在于花了数十亿元人民币，请全球多家顶级的管理咨询公司协助搭建的管理运作体

系；有人从业务战略角度，也可以说华为成功是互联网设备及服务全产业链布局的成功……实际上，华为作为一个非常成功的企业，无论从哪个角度逆向诠释都可能是对的，但这些都不是华为成功的核心要素。

组织过于庞大以后，组织建设面临两个核心问题：专业化和统一指挥。采用军政、军令矩阵结构是解决问题的根本方法，军政解决专业化的能力问题，军令解决打仗的统一指挥问题。

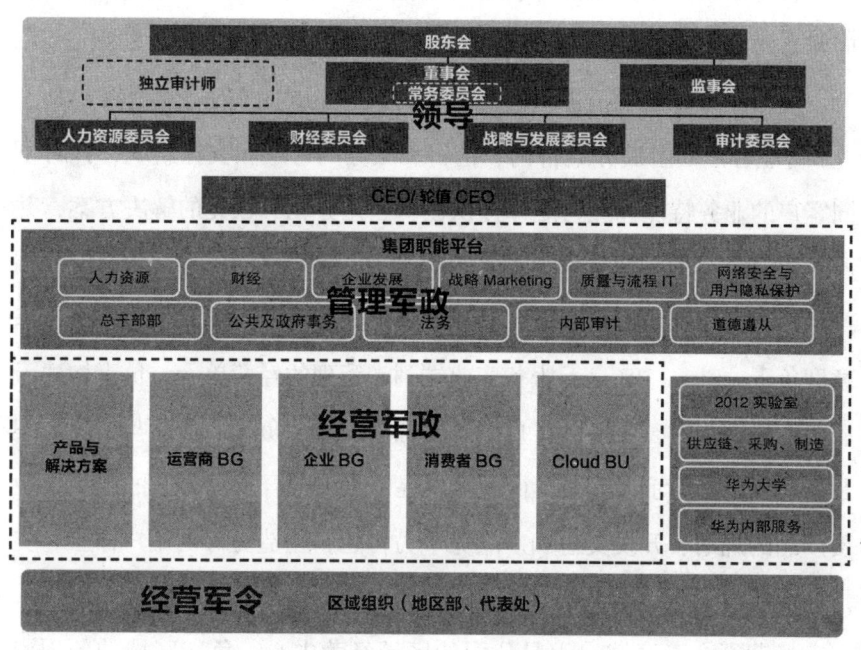

图 3-2　华为军政、军令体系

华为公司设立基于客户、产品和区域三个维度的组织架构，各组织共同为客户创造价值，对公司的财务绩效有效增长、市场竞争力提升和客户满意度提升负责，组织各个交叉点是信息汇聚点，也是利润创造点，目标是承接多组织，使信息多路径传递，使高效平台组织成为可能。

领导职能：股东会是华为公司的权力机构，对公司增资、利润分配、选举董事／监事等重大事项做出决策。董事会是华为公司战略、经营管理和客户满意度的最高责任机构，承担带领公司前进的使命，行使公司战略与经营管理决策权，确保客户与股东的利益得到维护。公司董事会及董事会常务委员会由轮值董事长主持，轮值董事长在当值期间是华为公司最高领袖。监事会主要职责包括董事／高级管理人员履职监督、公司经营和财务状况监督、合规监督。

管理军政：集团职能平台是聚焦业务的支撑、服务和监管的平台，向前方提供及时准确有效的服务，在充分向前方授权的同时，加强监管。

经营军政：运营商 BG 和企业 BG 是公司分别面向运营商客户和企业／行业客户的解决方案营销、销售和服务的管理和支撑组织，针对不同客户的业务特点和经营规律提供创新、差异化、领先的解决方案，并不断提升公司的行业竞争力和客户满意度。消费者 BG 是公司面向终端产品用户的端到端经营组织，对经营结果、风险、市场竞争力和客户满意度负责。Cloud BU 是云服务产业端到端管理的经营单元，负责构建云服务竞争力，对云服务的客户满意度和商业成功负责。产品与解决方案是公司面向运营商及企业／行业客户提供 ICT 融合解决方案的组织，负责产品的规划、开发交付和产品竞争力构建，创造更好的用户体验，支持商业成功。

经营军令：区域组织是公司的区域经营中心，负责区域的各项资源、能力的建设和有效利用，并负责公司战略在所辖区域的落实。公司持续优化区域组织，加大、加快向一线组织授权，指挥权、现场决策权逐渐前移至代表处，目前已在部分国家试行"合同在代表处审结"，以进一步提高效率、更快响应客户需求。区域组织在与客户建立更紧密的联系和伙伴关系、帮助客户实现商业成功的同时，进一步支撑公司健康、可持续的发展。

华为的军政、军令体系是"两端模糊、中间清晰"。领导层模糊，负责公司总体发展方向；管理军政和经营军政清晰，负责各个业务或管理职能的专业化；经营军令负责各个业务及管理职能在区域的"落地"，是模糊的。在区域市场，无论什么军政的人员，最终都归区域主管统一指挥使用，"落地"人员的第一考评原则上在区域，解决打仗的统一指挥问题。

▶▶ 军队组织结构和华为组织硬结构的运作对比

表 3-1 军队组织结构和华为组织硬结构对比

比较事项	美军组织结构	中国人民解放军（军改后）组织结构	华为组织硬结构
最高机构	国家安全委员会	中央军事委员会	董事会常务会议
军种	海军、空军、陆军	陆军、空军、海军、火箭军、战略支援部队	BG、产品部、全球技术服务部
地理战区	全球六个战区：北方战区、南方战区、太平洋战区、欧洲战区、中央战区、非洲战区	中国五个战区：东部战区、西部战区、北部战区、南部战区、中部战区	全球八个地区部：中国区、亚太、拉美、北美、中东北非、欧洲、独联体、南非
军政（主建）	国安会—军种—部队	军委会—军种—部队	董常会—BG/产品/服务—代表处（军种）
军令（主战）	国安会—战区—部队	军委会—战区—部队	董常会—地区部—代表处（战区）
特点	国安总管、战区主战、军种主建	军委总管、战区主战、军种主建	董常会总管、地区部主战、BG/产品/服务主建
区别	主要处于和平状态和平以军政流程为主战时以军令流程为主		始终处于战时状态人员招聘与培养以军政流程为主人员使用和评价以军令流程为主
军政职能	组织、军种训练、联合基础训练、后勤保障		
军令职能	作战、指挥、控制、协调和联合训练、演习		

中国设立五大战区，受美俄军队改革的影响很大。美军将全球分为六个战区，分别为北方战区、南方战区、太平洋战区、欧洲战区、中央战区、非洲战区。美军的作战指挥体系大致分为三个层次：位于顶层的是国家级作战指挥系统，由总统、国防部长和参谋长联席会议构成，主要负责指挥全球性大规模战争及核战争；处于中间的是战区级作战指挥系统；位于底层的是战术级作战指挥系统，负责对各军兵种部队实施战术控制。

在战时，美军的战区司令权限非常大。战时美国总统和国防部长只管战争的原则性问题，比如是否要开打，战争要达到什么样的战略目标。确定这些之后就将指挥权授予相关战区司令。中国的五大战区成立意味着解放军将构建军委—战区—部队的作战指挥体系和军委—军种—部队的领导管理体系。战区内所有的兵力，陆、海、空、火箭军以及战略支援部队都归联合作战指挥机构统一领导、协调和指挥，实施作战任务。

俄军目前的指挥管理体制与美军相似，总体是军政与军令分离，削弱军种的指挥权限，强化军区的指挥功能。作战指挥由"总统、国防部长—总参谋部—联合作战司令部／独立兵种司令部—部队"四级指挥机构组成。俄军2008年启动"新面貌"改革，2010年宣布将原来的六大军区合并为四大军区：西部军区、东部军区、南部军区、中央军区。改革后的每个军区就是一个战区，也代表着一个战略方向，实现了军区、战区与战略方向的统一。

▶▶ 华为军政、军令职责说明

华为是商业组织，天天都处于"战争"状态，因此代表处才有"战争"指挥权。华为"两端模糊"的结构解决公司层面和战区层面统一指挥的问题，"中间清晰"的经营军政和管理军政解决专业问题，为了实现组织高效运作，在军政与军令的能力体系构建上，军令前端综合化，军政后端专业化。

表 3-2　华为军政、军令职责说明

事项	军政：职能部门 / 产品线	军令：片区 / 分公司
人员管理	人员招聘、培养及调配以军政流程为主	人员使用和评价以军令流程为主
主要职能	组织、军种训练、联合基础训练、后勤保障 （专业能力、业务培养、炮弹提供）	作战、指挥、控制、协调和联合训练、演习 （统筹能力、执行能力、打胜仗）
资源整合	纵向整合资源、共享经验，推动市场开拓	横向整合资源、共享经验，推动市场开拓
驱动方式	产品驱动 + 竞争驱动	市场驱动 + 资源驱动
主要角色	创造条件为军令体系有力拓展服务	结合区域市场、竞争及资源现状，最大化营销成果
能力系统	专业化	综合化

从华为的人员管理、主要职能、资源整合、驱动方式、主要角色及能力系统来看，军政侧重解决组织的专业化问题，军令侧重解决组织的统一指挥问题。

▸▸ 军政、军令体系运作的优点

华为大平台的军政、军令体系，与事业部体制相比，在专业能力、指挥能力、资源共享、多轮驱动、干部成长、组织安全、业务健壮等多个方面，都具有非常明显的优势：

★ 专业能力：总部各部门聚焦行业最佳，提高本部门的专业水平及指导能力。

★ 指挥能力：强化总部职能，从全局研究市场、内部资源与竞争，实时指导区域作战。

★ 资源共享：总部和区域整合各种可能的资源，为完成销售目标和市场目标服务。

★ 多轮驱动：实现产品、市场、服务、管理全方位、多层次、多梯度驱动。

★ 干部成长：在交叉的矩阵体系中，干部可以得到很好的指导与"传帮带"，这是培养干部的主要途径。

★ 组织安全：军政和军令的矩阵结构，在区域形成几大支柱，可以有效减弱人员变动的冲击。

★ 业务健壮：发挥总部和区域的积极性，有效、高效拓展业务。

华为产品、客户、区域形成的多维矩阵，每一个交叉点都是驱动力，都是利润产生点，都是问题暴露点，形成了内部信息传递多路径、利润产生多驱动、责任承担多维度的大平台格局。

华为军政、军令组织体系，特别有利于干部的成长。在交叉矩阵中，人才得到来自多方面的指挥与指导，可以在"战争"中学习战术。华为培训干部的路径很多，但军政、军令体系是培养干部的最主要途径。采用军政、军令矩阵后，华为的干部从此取之不尽、用之不竭，不会缺干部，为优胜劣汰奠定了人才基础。

▶▶ 软能力：铁血华为的文化张力

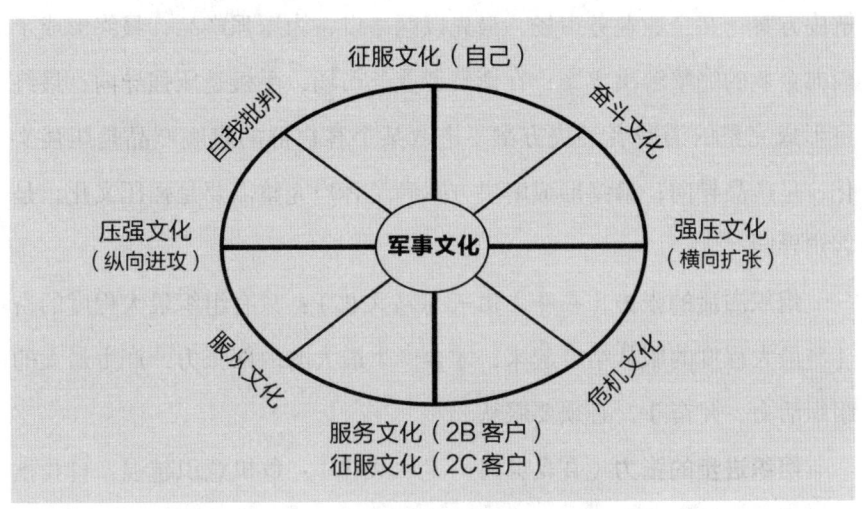

图 3-3　华为军事文化的八大特征

华为软能力来自华为"军事文化"的八大特性，分别对应组成一对：危机文化与自我批判、征服文化与服务文化、压强文化与强压文化、奋斗文化与服从文化，都是极端灰度。

对外服务的张力（2B 业务，征服文化—服务文化）："以客户为中心、以奋斗者为本、长期艰苦奋斗及坚持自我批判"都是征服自己，内部把资源与精力挖掘出来，达到最大，然后去把对客户的服务做到极致，要对 2B 客户体现出华为极致的服务文化。

对外征服的张力（2C 业务，征服文化—征服文化）：赢得 2C 客户靠征服，而不是服务，余承东在公开场合讲的每一句话，内容都必须是华为很牛（目前有缺陷：可以加"余承东也很牛"，站上符号营销的高度），否则就是废话，要对 2C 客户体现出华为极致的征服文化。

对外扩展的张力（压强文化—强压文化）：华为采用压强文化（产品导向）纵向进攻市场，用强压文化（客户导向）横向扩张。在运营商市场，最先用程控交换机作为压强产品，最终形成了面向运营商的完整解决方案；在企业业务市场，最先以网络设备为压强产品，最终形成了面向企业的完整解决方案；在消费者业务市场，手机是压强导向，最终将形成完整的消费者解决方案。进入某个客户群的旗舰产品是压强文化，是产品导向；最终形成解决方案满足客户完整需要是强压文化，是客户导向。

组织激活的张力（奋斗文化—服从文化）：只有组织最大程度的奋斗与最大程度的服从结合起来，才会产生最大的内部张力，产生最大的组织活力，要奋斗，必须要服从。

组织进步的张力（自我批判—危机文化）：危机意识越强，自我批判的意识与能力才会越强，没有危机意识就不可能自我批判。

华为军事文化是华为极端灰度哲学的重要体现，是绝对的理性文化。对外服务的张力、对外征服的张力、对外扩展的张力、组织激活的张力、组织进步的张力，它们构成了华为强大的军事文化，形成了华为无可比拟的软能力，是华为铁军组织能力不可或缺的重要组成部分。

▶▶ 华为运营管理"铁三角"：
聚焦关键战略、简化业务流程、激发组织活力

华为运营管理"铁三角"：聚焦关键战略、简化业务流程、激发组织活力，是极端灰度，站在运营管理的三个极端点上，构成了华为高效运作的最大张力面积。

聚焦关键战略

世界上所有东西都有正态分布，华为只做正态分布中间那一段，别的不做，即使很赚钱华为也不做，因为卖不了几个。华为就在主航道、主潮流上走，有流量就有胜利的机会。什么叫主航道？别人难以替代，又可以大量拷贝使用的就叫主航道。

用"水系"来描述华为的管道战略，水流流过的地方，就是指信息流流过的地方，就是华为的主航道。具体来讲就是华为的数据中心解决方案、移动宽带、固定宽带、骨干网，以及华为的智能终端和物联网的通信模块，这些领域就是华为聚焦的"主航道"，其他领域都不属于华为的"主航道"。

只有敢于放弃，才会有明确的战略。战略，只有"略"了，才会有战略集中度，才会聚焦，才会有竞争力。华为可选择的机会确实很多，但有所不为，才能有所为。华为"所为"的标准只有一条，那就是不断地提升公司的核心竞争力。

华为的聚焦，是建立在独到眼光上的阶段性聚焦，是踩对步点，在

正确的时间集中精力做正确的事。为了"拓展海外市场"这个战略决策，华为放弃了很多，放弃不仅在当时是阵痛，还是持续的疼痛。一个企业没有战略定力，是很难获得持续的成功的。

把所有的资源、所有的注意力，都投到与战略相关的突破上。所以，你可以看到任正非经常在文章里写到"上甘岭""范弗里特弹药量""饱和攻击""不在非战略机会点浪费战略力量"等，说的都是一个意思——聚焦战略。

有所为有所不为，集中精力打歼灭战，都是管理成熟的开始。公司有实力实现技术装备的现代化，购买大量软件工具，提高研究水平，以缩短从立项到商品化的周期。研发投入在聚焦产品上得到了保证，产品开发进度先慢后快，特性持续增强；销售和服务人员得到的培训和赋能也更加深入和精准；备件库品类下降，备件成本当然也降低了；就连营销支持人员所需要写的产品彩页都少了很多份，那么就有了更多的时间和精力来把一份彩页写得更好。收窄战略面，聚焦策略确实让华为尝到了甜头。

华为的战略聚焦在细微之处也得到了体现。为了坚持以客户需求为导向，持续为客户创造长期价值的核心理念，华为于 2006 年正式将沿用了 18 年之久的旧 LOGO 放弃，启用更加聚焦的新标识。被替换的旧 LOGO 是 15 个色块，代表华为初期创业是 15 个人；而新 LOGO 在设计上采用了聚散的模式，在设计上聚焦底部的核心，更加体现了聚焦主航道的决心。

华为不在非战略机会点上消耗公司的战略竞争力量，非战略路标的业务做不了就不做了，华为做不到所有方面都能满足客户需求。但中间界面要逐渐开放，让能做的公司进来做。

不在局部竞争点上消耗战略力量，而要聚焦一切战略力量攻破进入大市场的条件。如果花大量精力去了解很多行业，就是在非战略机会点上消耗战略竞争力量，针尖上的突击力不够。存储目前还在亏损中，因此对于一些不能大规模拷贝、不能大规模扩张的行业就少做一点。

华为在 2016 年有一个广告，主题叫"厚积薄发"，有一个画面是这样的：瓦格尼亚捕鱼人在刚果博约马瀑布附近捕鱼的瞬间紧紧抓住人们的视线，巨大尖锐的木篮，巨浪翻滚的刚果河，瓦格尼亚捕鱼人站在激流中，必须时刻将注意力放在手中和脚下，既要掌握木篮，让湍急的河水顺势将鱼推进去，又要注意脚下，否则就会被河水卷走。华为给这个震撼人心的画面搭配的文字为"不在非战略机会点上消耗战略竞争力量"。这个视觉冲击力很强的广告，意味着站在大数据洪流中的华为，集聚注意力，将战略竞争力量投放在战略性机会上。

要把战略的能力中心，放到战略资源的聚焦地去。大公司要敢于用密集投资，缩短追赶时间和延长机会窗开启的时间。所谓"范弗里特弹药量"，就是这个意思。

世界 500 强企业中的大部分都是能够集中优势和力量打造主航道的"专才"。比尔·盖茨聚焦软件行业，巴菲特是投资专才，麦当劳汉堡行销全球，可口可乐把碳酸饮料做到极致，所以他们都在自己的主航道领域上成为全球企业的领导者。在国内，专营家电产品的张瑞敏和他的海尔是"专才"，所以成功了。

沃尔玛是商超领域聚焦的典范，它对聚焦战略的理解是把公司优势资源集中于某一个特定的细分市场，在该特定市场打造竞争优势，比对手更好地服务于这一特定市场的顾客，并以此获取高的收益率。因此，沃尔玛在建立之初就将精力集中于整体市场中最狭窄也是最具挑战力的乡村，凭借自己独特的聚焦战略，占领了整个乡村市场，为自己带来了生存和发展的机会，强大了实力，再以星火燎原之势，悄无声息地占领了全美市场。

在 2016 年 5 月底的全国科技创新大会上，任正非说："华为已感到前途茫茫，找不到方向。"

事实上，华为的"迷茫"不仅是一个全球通信领先企业对自身未来发展方向的危机意识，更是华为在攻入"无人区"后不得不面对的无人领航、无既定规则、无人跟随的困境。进入"无人区"之后的华为，一方面开始深入数学基础研究领域，在基础科学上进行突破，另一方面则是在技术创新以及研发方面更加务实。

简化业务流程

一切工作围绕提升土地肥力和多打粮食来开展。学习亚马逊模式，做好架构解耦，组织优化与架构解耦迭代前进。把架构解耦做好，就好布阵点兵。只要方向没错，越干越省劲，方向错了越干越累，越干越麻烦。基层组织不要太大了，否则协调面太大，效率不高。

中国的军队做了"师改旅"，以前是坦克团、炮兵团，打仗时再来组合，因此效率很低。现在一个旅就有直升机、坦克、大炮，打仗组合就变得更加灵活，团队规模小了，反而战斗力更强。这也是全功能团队的概念。研发作战部队直接面向客户，灵活机动，很多需求和问题就可以快速澄清和短路闭环。基层组织的调整要授权给业务决策组织，依据业务的变化快速调整。

组织优化与架构解耦相互促进，迭代前进。成熟业务用组织优化牵引架构解耦，新业务用业务牵引组织调整，横向大部制、纵向扁平化都是优化方向。创新类项目可以采用多路径、多梯次、多场景的方式。在一个项目中，有两个版本我是支持的。但在运作时，两个版本应该有主有次，例如经过评审，最有希望的是 A 组，那 B 组这个版本实际不是跟着 A 组发展，而是跟着未来发展的，未来还可能颠覆 A 组的发展，这样 B 组就对迭代更替起作用了。面对未来的艰难，华为要出现 C 角，C 角更难，不要在他还没出成绩时，忘了给他涨工资。华为的政策不要忘了啃骨头的人。

坚持责任结果导向，放开冲锋路径，多产粮食。流程的本质是服务于业务，杜绝形式主义，不要让流程左右了华为的行为。针对不同业务场景实施质量差异化、流程差异化，授权业务团队按需适配，不要管出左脚还是出右脚，华为要的是结果，不要多关注过程，不要成为流程的奴隶。华为还要在公司内部打破信息垄断，千军万马打下上甘岭。

华为要区分作战组织与职能组织，能产粮食、直接做事的组织是作战组织，不能直接产粮食、发文要求别人做事的就是职能组织。发文要收敛到三级部门及以上，发文就是发令口，华为精简文件，就是要精简发令口。如果往下细分的部门都有发文权力，变成一个蛛网状，就会相互干扰。

在绩效考核上，一方面，面向不同的业务人群，实施差异化绩效管理，不搞一刀切，充分发挥每个团队成员的潜力；另一方面，要简化组织 KPI、增强协同考核，重塑"胜则举杯相庆，败则拼死相救"的共同奋斗精神。

简化管理，提升效率，从主官做起。主官要深入实践，提升战略洞察能力。华为很多主官可能十几年没摸过代码了，实操自然生疏。现在华为的干部打一打，就不打了，慢慢地战略洞察能力就弱了。不是说干部天天都要去编代码，但是从作战部队脱产过早，会导致脱离实际，结果对问题讲来讲去讲不清楚，让团队走了弯路。方向一定要正确，既要有大方向，也要有小方向。每一个领兵人都要有战略洞察能力，都要知道要实现这个目标应该怎么做，怎么能省工省时。

主官的职责是天天盯着地图，争取胜利，而不是听汇报发文解决问题。主官要拿着铁锹，背上背包，走上战场，亲身去解决问题。中基层组织的研发干部不能完全脱产，每年要有一些时间在具体项目中实践。主官都走向战场，听汇报的时间就少了，自然管理就简化了，胶片文化就逐步减少到必要；主官走向战场，和作战部队一起作战，就能发现流程为什么复杂，为了胜利就会主动梳理流程；主官走向战场，平时就练兵提升能力，提升了能力就能争取更大的胜利。

组织优化和效率提升是每一个主官的责任。每一个作战主官，要主动去识别影响作战效率的核心问题，制定措施改进，形成机制，一个一个问题去改进。每个人，每个团队，各层各级都来发现问题，最短路径去闭环解决，大家都行动起来，运作效率就提高了。

改革要有清晰的方向、统一的意志、有序的组织，最终目的就是胜利。华为承认现在是相对合理的，要逐步改革。要像财务一样一点点小改革，一点点小进步。改革要从小处着手，看到方向，做到心头有数。不要一下就拿出一个大框架来，不切实际也无法"落地"。而且反复"烙饼"，容易伤害已成功的管理。从小事起动，慢慢延伸，不着急匆匆忙忙解决，湖水要动起来就行了。

激发组织活力

华为文化四句教是华为内部价值管理"铁三角"的文化支撑，价值管理"铁三角"又是激活组织创造价值的核心，华为运营管理"铁三角"是高效运作的根本保证，从而构建开放、有序、高效的组织体系。华为致力于构建万物互联的智能世界、未来的黑土地，要能扛起重任，要有开放的心态、开放的胸怀，形成真正鼓励开放、创新、试错的氛围，焕发活力。

华为运营管理"铁三角"：聚焦关键战略、简化业务流程、激发组织活力，是华为组织持续高效运作的根本保证。

▶ 华为三大端到端流程：IPD、LTC、ITR

针对三大业务流，建立对应的三个系统，即 IPD（集成产品开发）、LTC（从线索到回款）、ITR（从问题到解决），同时用流程 IT 的方式进行固化。在"以客户为中心"的理论指导下，进行组织配置，包括责任人、考核方式等，"保证盲人能共同拼出一头真正的大象"。

做事的方法是：先找到问题，然后找到根本原因，再找到解决措施，最后要关闭。核心就是一个：还原这件事情的本质，还原以后该是谁的，就是谁的。循此道理：流程的核心是要反映业务的本质。没有 IPD，A 产品的成果（经验教训等）就不能制度化地传递给 B 产品，这就是管理的系统缺失，如果华为把管理的系统缺失补上了，改进了，提升就很快了，就不会重复犯错，成本就降低了。

公司三大端到端业务流，一个公司就三件大事：

★ 第一件事，把产品开发出来，产品从有概念开始到面市；

★第二件事，把产品变现，要有客户买，形成订单，发货、安装、验收、回款；

★第三件事，把问题解决，然后关闭。只有上帝做的东西才没问题，当时没问题，时间长了也有问题。客户有这样那样的需求，产品要不断地改进升级。

这三件事情对应三大业务流，这三大业务流有起始、终止，对应三个系统（IPD、LTC、ITR），还要有相应的组织去适配（不仅是流程IT），也要和客户去匹配，很多订单要和客户去对接。日复一日，年复一年，简单、海量、重复的工作怎么去做更好？就是先要把它流程化、模板化、固化下来，最后采用IT支撑。公司三大业务流，日复一日，一年运行下来，就形成了公司的业绩：财务三张表。

业务、业务流、流程、组织以及和客户之间的关系：业务就是上面的三件大事，流程要匹配业务流，不长也不短，够用就行。其核心是流程要反映业务的本质，尤其是完整系统地反映业务的本质。业务中的各关键要素及其管理不要在流程体系外循环。基于流程建设的管理体系（IPD、LTC、ITR），是一个运营系统，是一个业务操作系统，其中最重要的是落实到组织中，就是流程化的组织建设和运作。构建公司的流程体系就是构建公司的运营系统，是要在流程中把质量、运营、内控、授权、财务的要素放到流程中去，"一张皮"运作。

业务是以客户为中心的，业务流也是从客户中来，到客户中去。流程建设好了之后，就形成了一个系统。这样一个从客户中来，到客户中去，成就客户价值的业务流，通过系统高效低成本地承载实现了，不就是"以生存为底线、以客户为中心"吗？华为的业务流都瞄准着给客户解决问题、实现客户价值，正是"以客户为中心"的最好体现。基于此系统，再不断去改进，也就实现了"深淘滩、低作堰"。

顶级的管理是建系统。发现问题根本不可怕，应该是一种喜悦，因为能循着这个问题，找到管理的核心要点。管理不是发文，也不是立项，管理的核心是建体系、建系统。

▸ 华为铁军成功的根本原因：中国军队之道 + 美国军队之术 + 运营管理"铁三角"= 华为组织力

华为成功的根本原因是强大的组织力，即采用了美军的军政、军令组织硬结构，采用了中国军队的战斗指导思想软能力，同时建立了"聚焦关键战省、简化业务流程、激发组织活力"的持续高效运营管理"铁三角"。硬结构、软能力及运营管理三个极端灰度，构成了华为强大的组织力。

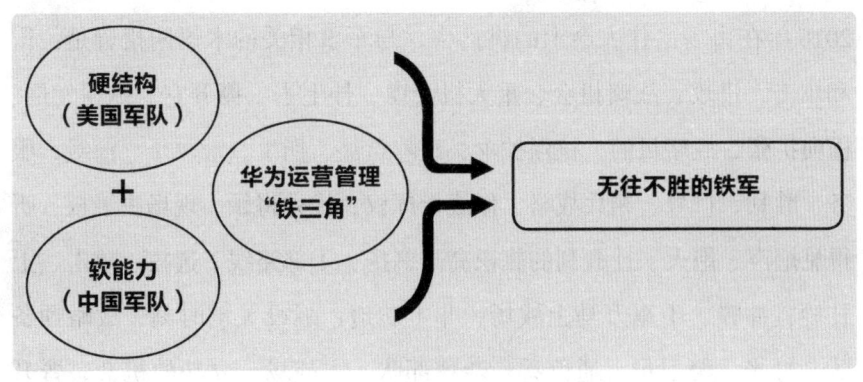

图 3-4　华为成功的根本原因

华为成功的核心要素究竟是什么呢？答案在于华为有类似军队的运作体系。华为的干部体系、运作体系及核心文化都是按军队的模式建立的，华为的核心价值观"以客户为中心、以奋斗者为本、长期艰苦奋斗"是长期打胜仗的目标与要求，像军队一样占领阵地（服务客户），像军队一样纪律严明和训练有素，像军队一样不惜代价攻占制高点，像军队一样多兵种协同团队作战，像军队一样艰苦奋斗、不怕流血流汗，像军队一样的奉献与牺牲精神，像军队一样"铁打的营盘、流水的兵"保持企业活力……华为是商战中武装到牙齿的正规军，别人玩生意，华为在玩命，其他公司的服务精神、奋斗精神、团队精神和华为明显不在一个档次。

军队的创新、组织、激励、训练、战斗的能力是要求最高的，从"一点两面三三制"到"铁三角""片联"，从"胜则举杯相庆，败则拼死相救"到"上甘岭上选拔将军"，华为的管理语言和企业文化带有很强的军队色彩。中外军队的组织方式如何深刻地改变了华为的组织形态和文化，并进而造就了华为强大的管理能力？看任正非的讲话，无论表达模式还是术语，无不充满了军队气息，"农村包围城市""华为的红旗到底还能打多久？""胜则举杯相庆，败则拼死相救"……任正非2016年在市场工作大会上的讲话中，与军事相关的术语俯拾皆是：饱和攻击、进攻、战略机会、重大机会窗、扑上去、撕开它、纵深发展、横向扩张、战略目的、核保护伞、布阵点兵、抓手、铺摊子、前线、服务、胜利、口号、精兵战略、作战指挥权、优秀将领、现场决策权、听得见炮声、炮火、让胜利的旗帜高高飘扬、干部路线、选拔、攻击、上甘岭、冲锋、千军万马上战场、非主航道、战役关键时刻、战略预备队、打光、警卫员、通信兵、杂牌部队、主战场、立功的机会、晋升机会、胜利的光荣、少将、连队、师一级的火力、机关、战场、班长、作战梯队、将星在闪烁、作战主官、关注的是胜利、败仗、败将、英雄、掩埋将士、主航道上奋勇前进、灵活机动的战略战术、服从为天职、创造奇迹、战略方向及布局、坚定不移向前进、技术革命、华为的航母、密集炮火攻击前进、灭亡、大军、储备的能量、战略后备部队、前赴后继、预案、胆略、胜利鼓舞着我们、我们一定会胜利的、英勇奋斗……不一而足。

任正非每年的讲话和文章是指南针，是动员令，是冲锋号，激励着全体华为将士奋勇前进，也引得中国企业界及管理学界争相学习。任正非 2016 年在市场工作大会上的讲话具有划时代意义，标志着华为进入新的主航道阶段，标志着华为厚积薄发进入第三次高速发展阶段，标志着中国高科技企业达到新高度，标志着中国高科技企业即将站上世界之巅。

军人的责任是胜利，牺牲只是一种精神。靠意志力，是不可能赢得现代战争的，美军的胜利靠的是技术、装备、协作等综合实力。美军靠综合实力打仗，首先必须在组织、装备、训练等方面得到根本保障，再配合类似解放军的顽强意志力，试问天下谁能敌？华为正在进行组织运作的优化，近两年来，华为为什么特别热衷于连续学习美军？学习解放军的灵魂与血性？就是在精神之道上学习解放军，在战略与战术上学习美军，物质与精神完美结合，道与术完美结合。

充满危机意识，不计代价，像对待军事斗争一样严酷地对待商业战争，华为需要时时刻刻保持旺盛的斗志和战斗力。将军和士兵不进则退，不具备打胜仗的能力，就必须立即淘汰，不迁就任何人；个人服从组织，绝对服从异地化与工作调动；末位淘汰沉淀层与综合能力跟不上组织要求的人。天下不缺有志向的人，华为总能找到精诚服务客户的奋斗者，并且提供比较高的物质与精神回报。相比而言，华为的对手在类军队模式的建设方面就逊色多了，自然竞争力差很多，而且时间越长，差距就越大。类军事运作体系才是华为服务客户、激发内部狼性、克敌制胜的法宝，造就了华为铁军的 DNA。

正如《亮剑》中所说，一支军队的核心是军魂，即军队的文化精神，一个企业的灵魂自然也是企业的文化。华为企业生存的核心单元，是营销最自豪的一线作战单位。企业的价值来自外部，不来自内部，也可以说，除代表处外，华为其他任何部门做的都是内功，不真正产生价值，只有一线代表处把设备或服务卖出去，才产生价值，这是华为为什么一直强调"一切为了前线，一切为了业务服务，一切为了胜利"的根本原因。

▶▶ 华为大平台组织体系

华为对组织力量的重视远超过对个体的依赖，所以着重打造平台系统。华为希望人才在华为打造的系统上凝成更大的合力，而不是单纯依赖能人。事实上很多大公司高管其实都是一个平台系统的使用者，而不是设计和创造者，这也是许多大企业的优秀高管离职后并不太成功的原因。离开了平台，他并不能打造出一个平台系统，无法发挥其原有的价值，就像一个司机离开了他的汽车。

华为选用人才不拘一格，用他们的话说：即便"歪瓜裂枣"也有所长。对人才的包容与尊重，以及公平公正的平台，使华为的人才资产释放出巨大的生产力。"宰相必起于州郡，猛将必发于卒伍"，华为提拔干部一定考虑有基层的战斗经验，必须曾经是身先士卒、身经百战，特别是从艰苦领域或打过硬仗拼上来的，在轮岗中锻炼过，然后才委以重任。

人才辈出及群体接班。华为要求每一个管理岗位都要有接班人，没有的，不是合格的管理者，这些后备人才使管理岗位可以随时流动而没有影响。除了外聘，还在 20 年前便开始每年高薪招聘各高校优秀毕业生作为子弟兵队伍培养，如今他们都已成为顶梁柱。

团队成员不应该是对一个领导负责，而是对自己的岗位和整个组织的目标负责。所以华为不提倡个人的忠诚度，而是讲究契约精神、信托责任。华为的干部也可以随时轮岗而不影响工作，甚至董事长也是轮值的。

在华为发展的过程中，每两三年会聚焦一个管理短板进行提升，涉及组织机构调整、研发体系、人力资源、销售和服务体系、财务管理体系等各个方面，不断完善各类体系流程，把华为打造成为一个有自我更新能力的有机生态组织。

乱中求治与治中求乱。企业大了，一定会出现问题，关键的短板会首先暴露，会制约发展甚至带来致命影响，所以要针对短板尽快补上，这是乱中求治。一个企业如果停止发展，安于现状，那就离"死"不远了，所以得突破发展，以自我批判的精神，以未来战略的眼光倒过来审视自己，主动找到须补强的方面进行调整变革，这是治中求乱。

在明确管理短板后，华为能以高瞻远瞩的胸怀和眼光，引入世界顶级的咨询顾问，以世界最优秀的企业为标杆，投入巨量资源进行变革。对每一次变革咨询，华为高层都极为重视，统一共识后全力动员，组建最优秀的队伍配合跟进，一方面充分挖掘这些顶级咨询团队的知识与经验，像榨果汁一样尽可能榨干，另一方面强势地推进体系流程"落地"，将知识转换成成果。

华为在各次变革过程中，坚持反对完美主义，更讲究实效先"落地"；反对烦琐哲学，流程应越简洁越好；反对盲目创新，不为创新而创新，创新是要解决问题；反对局部优化但整体受损，部门的本位主义很容易导致优化自己那一部分却影响他人、影响整体；反对无全局观的人主导变革，往往很多公司在组建变革跟进小组时，各部门派出的都是闲置人员，因为主力都在干业绩，舍不得放，变成了一些没有全局观的人去主导比他们更优秀的人变革，必然失败；反对无实践经验的人参与变革，不了解一线的实际问题就不可能解决问题；反对未充分论证的流程应用，流程的落地是一件很繁杂的系统工程，如果不适用，推倒重来的成本巨大。"七个反对"确保了华为每一次变革的成功！

▶ 管人与管事双轮驱动

建立行政管理与业务流程管理适当分离的运作机制。流程 Owner（主管）负责建设符合业务规则的流程、业务决策机制、流程风险内控及问责机制，承担对"事"的管理责任。行政主管负责开展匹配业务目标的组织建设、干部评价及资源配置工作，承担对"人"的管理责任。

流程的作用就三个：一是正确及时交付，二是赚到钱，三是没有腐败。如果这三个目的都实现了，流程越简单越好，这三点本质上就是效率、效益和风险。业务部门一把手要担负起流程的责任，而不是由流程IT 部负责。流程IT 部应该是提供服务的支持系统，帮助业务主管正确建设、优化和实用流程以及工具。

改进管理是一个持久持续的过程，不要太激进，如果华为每年进步
0.1%，100 年就能进步 10%，持续长久改进下去是非常了不起的。有效
地提高管理效率，是企业的唯一出路。技术进步比较容易，而管理进步
比较难，难就难在管理的变革，触及的都是人的利益。因此企业间的竞
争，说穿了就是管理竞争。

公司不可能永远高速发展下去。在销售规模大到一定程度的成熟市
场，销售收入可能会逐渐出现增长趋缓或下滑，所以精耕细作、追求利
润将是公司未来经营管理的目标。华为留给公司的财富只有两样：一是
华为的管理架构，以及流程与 IT 支撑的管理体系；二是对人的管理和
激励机制。人是会走的，不走也会死的，而机制是没有生命的，这种无
生命的管理体系，是未来百年、千年的巨大财富。

管理改革要继续坚持从实用的目的出发，达到适用目的的原则。在
管理改进中，要继续坚持"七个反对"原则：坚决反对完美主义，坚决
反对烦琐哲学，坚决反对盲目的创新，坚决反对没有全局效益提升的局
部优化，坚决反对没有全局观的干部主导变革，坚决反对没有业务实践
经验的人参加变革，坚决反对没有充分论证的流程进行实用。

▶▶ "红军"与"蓝军"双轮驱动

所谓"蓝军"，原指在军事模拟对抗演习中专门扮演假想敌的部
队。它通过模仿对手的作战特征与"红军"（代表正面部队）进行针对

性的训练。华为的"蓝军"也与之类似。按照任正非的解释,"'蓝军'想尽办法来否定'红军'"。"蓝军"是华为战略 Marketing(营销)部下属的一个部门。

"蓝军"是危机文化与自我批判的产物。简单来说,"红军"代表着现行的战略发展模式,"蓝军"代表主要竞争对手或创新型的战略发展模式。"蓝军"的主要任务是唱反调,虚拟各种对抗性声音,模拟各种可能发生的信号,甚至提出一些危言耸听的警告。通过这样的自我批判,为公司董事会提供决策建议,从而保证华为一直走在正确的道路上。

2007 年,苹果推出了划时代的产品 iPhone,虽然当年包括诺基亚在内的手机厂商都没有当回事,但是"蓝军"却敏锐地意识到:形势正在发生变化,移动终端将会起到越来越重要的作用。为此,他们在当年做了大量的调研工作。2008 年,华为开始跟贝恩等私募基金谈判,准备卖掉终端。此时,"蓝军"拿出了一页纸的报告,结论只有一条:未来的电信行业将是端—管—云三位一体,终端决定需求,放弃终端就是放弃华为的未来。由此阻止了终端的出售,为华为的转型留下了余地,才有了华为手机今天的辉煌。

2005 年之前的华为对海外市场还不够了解,每年的汇率损失都很严重。"蓝军"经过分析发现,当时华为的外汇篮子太单调,只有三四种货币组合,无法形成有效的风险对冲。在咨询公司的帮助下,华为的外汇篮子最终形成了十几种货币的组合,从而有效地化解了汇率损失。

从不同的视角观察公司的战略与技术发展,进行逆向思考,审视、论证"红军"战略 / 产品 / 解决方案的漏洞或问题;模拟对手的策略,指出"红军"的漏洞或问题;建立"红蓝军"的对抗体制和运作平台,在公司高层团队的组织下,采用辩论、模拟实践、战术推演等方式,对当前的战略思想进行反向分析和批判性辩论,在技术层面寻求差异化的颠覆性技术和产品。

"在华为内部要创造一种保护机制，一定要让'蓝军'有地位。'蓝军'可能胡说八道，有一些疯子，敢想敢说敢干，博弈之后要给他们一些宽容，你怎么知道他们不能走出一条路来呢？"任正非在会议上引用法国马其诺防线失守的典故称，防不胜防，一定要以攻为主。攻就要重视"蓝军"的作用，想尽办法来否定"红军"，就算否定不掉，"蓝军"也是动了脑筋的。

如何才能保证华为始终走在正确的方向和道路上？答案就是开放。不要以为华为一定有招能防住它，华为公司的战略全都公开了，防是防不住的。华为要坚持开放性，只有在开放的基础上，华为才能成功。

进攻就要听到不同的声音，而这正是"蓝军"的价值所在。"我们要走向开放，我们很快就是世界第一……总有一天我们会反攻进入美国的。"任正非的一次内部讲话引发外界关注，除了"有一天我们会反攻进入美国的"这些吸引眼球的话语，他特别提到了华为的"红军"和"蓝军"，由此将这支"潜伏"十多年的业务精兵再度抛入公众的视野。

从制度上，华为给"蓝军"以及"蓝军"所代表的反对声音更多宽容。按照华为规定，要从"蓝军"的优秀干部中选拔"红军"司令，在任正非看来，"你都不知道如何打败华为，说明你已到天花板了"。

▶▶ 未来的战争是班长的战争

未来的战争其实是班长的战争。什么是班长的战争？华为一直在学军队，军队是走在变革最前面的组织。军队组织的演变经过了如下历程：第二次世界大战是以"师"为作战单位，不管是苏军还是德军，都是"师"。到了近代的中国，以"军团"为作战单位，不管是淮海战役还是辽沈战役，都是"军团"。到了20世纪80年代，演变成"营长的战争"，战争的主体由师长、团长演变成为营长。到了21世纪，战争以信息化为特点，其实就已经成了"班长的战争"。阿富汗战争就是"班长的战争"，主要是以"三个哥们"组成一个战斗单位为战争主体，他们也是战争胜败的决定者。

这"三个哥们"，一个带着电脑打仗，是信息情报专家，主要负责搜集敌方信息、天气信息、地形信息等；第二个哥们也是带着电脑打仗，是爆破专家，信息专家把信息传递给爆破专家，爆破专家计算到底从哪打好，从空中打，从海上打，还是从地面进攻，哪个最经济，哪个效果最好，用多少炸弹，以实现精确打击；第三个哥们才是拿着枪打仗，保护信息专家和爆破专家。这就是现代战役。有一部美国大片叫《拆弹部队》，里面就是三个人一个小组。再看现代狙击战，也是三个人一个组，第一个负责搜集目标，第二个是狙击手，第三个负责战略撤退。狙击手只有放一枪的机会，一旦一枪过去，狙击手和观察者就撤退，后边留一个人做掩护，这就是现代战争。

"铁三角"是华为探索出的创新管理模式，是由客户经理、解决方案专家和交付专家组成的面向客户的作战单元，分别负责前期与客户沟通、中期产品设计和后期交付。"铁三角"的精髓是为了目标，打破功能壁垒，形成以项目为中心的团队运作模式，这是华为在探索管理组织创新的道路上迈出的重要一步。"班长的战争"其实是整个组织模式的转变，未来的一线组织将会更有弹性，专家资源利用更高效，平台支撑更专业。华为搞了覆盖全球的矩阵性组织，片区、地区、办事处、代表处管理职能垂直落地，过于矩阵化之后，又会变成流程太长，有时候几个"婆婆"在协调，应该让"听得见炮火的人"去做决策。

华为前 20 年实行高度的"中央集权"，防止了权力分散造成失控，进而形成灾难，避免了因发展初期产生的问题而拖垮公司。但世界上没有一成不变的真理，今天华为有条件来讨论分权制衡、协调发展。通过全球流程集成，把后方变成系统的支持力量。沿着流程授权、行权、监管，实现权力的下放，以摆脱"中央集权"的效率低下、机构臃肿，实现客户需求驱动的流程化组织建设目标。

华为形成了三级保障体系：国家平台一线融合化"铁三角"，大平台支撑的前线精兵作战模式；片区平台"重装旅"，提供解决方案规划与营销、咨询设计，提供区域供应链中心、市场培训及授权管理；机关平台专业化，提供支撑平台（财务、人力、法务、IT 系统）和业务平台（战略管理、销售与服务、产品、供应链），实现后方协同"一线呼唤炮火"的组织体系与授权管理。

让"铁三角"得到最专业的支持，企业一定要后端标准化，前端个性化，针对不同客户需求，提供不同的产品组合和服务。一线如果得不到后台的专业支持，你越给他权力，他离你越远，而华为是你再有能力，也离不开总部的支持。如果总部没有专业化能力，就去授权给一线，企业就是个体户，所以现在很多企业是个体户的集中营。

华为系统部的"铁三角"，其目的就是发现机会，咬住机会，将作战规划前移，呼唤组织力量，实现目标。系统部里的三角关系，并不是一个三权分立的制约体系，而是紧紧抱在一起生死与共，聚焦客户需求的共同作战单元。它们的目的只有一个：满足客户需求，成就客户的理想。

华为后方配备的先进设备、优质资源，应该在前线一发现目标和机会时就能及时发挥作用，提供有效的支持，而不是拥有资源的人来指挥战争、拥兵自重。谁来呼唤炮火？应该让听得见炮声的人来决策。努力加强客户界面，以客户经理、解决方案专家、交付专家组成工作小组，形成面向客户的"铁三角"作战单元。

基层作战单元在授权范围内，有权力直接呼唤炮火。一线的作战，要从客户经理的单兵作战转变为小团队作战，而且客户经理要加强营销四要素(客户关系、解决方案、融资和回款条件、交付)的综合能力。机构设置的目的，就是为了作战，作战的目的，是为了取得利润。平台的客户就是前方作战部队，作战部队不需要的，就是多余的。

❧ 企业实力三部曲：硬实力、巧实力、软实力

企业的硬实力由技术、产品及解决方案三大要素决定，企业的巧实力由营销、品牌及服务三大要素决定，企业的软实力由国家政策、客户及对手三大要素决定。

表 3-3　企业实力三部曲

类别	组成	说明
硬实力	技术	基础技术的研发能力，比如芯片、材料、算法、美学等
	产品	有竞争力的产品开发，体现在先进性、稳定性、易维护性、成本竞争力
	方案	针对客户场景的客户化解决方案
巧实力	营销	客户关系满意度
	品牌	品牌的牵引能力
	服务	交付满意度
软实力	国家	受各个国家大的政策影响
	客户	客户偏好或背后的股东利益联结
	对手	对手对国家政策和客户采购的影响

硬实力、巧实力及软实力共同构成企业的综合实力，决定企业的行业竞争力。

华为硬实力超强

华为 2017 年以 104 亿欧元的研发投入超过苹果（95 亿欧元），排名全球第六、中国第一。

表 3-4　各大公司研发投入对比

排名	公司	国家	2017 年研发投入 / 亿欧元	研发投入占营业收入比重
1	大众	德国	137	6.3%
2	谷歌	美国	129	15.0%
3	微软	美国	124	14.5%
4	三星	韩国	122	7.7%
5	英特尔	美国	121	21.5%
6	华为	中国	104	19.2%
7	苹果	美国	95	4.7%
8	罗氏	瑞士	92	19.6%
9	强生	美国	86	12.7%
10	诺华制药	瑞士	85	18.2%

华为在过去十年中研发投入总额达 450 亿美元，2016 年全球研发投入达 110 亿美元，成功跻身全球前十；2017 年，华为全球研发投入 104 亿欧元，占据营收的 19.2%，位居全球第六名；苹果研发投入 95 亿欧元，占据营收的 4.7%，位居全球第七名。2018 年，华为在产品研发上的投入高达 153 亿美元，在全球研发费用排名中为第四位，其增速仅次于排名第一的亚马逊。按照华为目前的研发投入费用的增速趋势，它在全球研发费用排名持续提升的可能性极大。

华为从事研究与开发的人员有 8 万多人，约占公司总人数的 45%。

华为在全球设立了 14 个研究所 / 院、36 个联合创新中心，在全球范围内开展创新合作，研究领域包括云专项、通信专项、5G 专项、人工智能、材料专项等领先技术，与世界各地人才共同推动技术的进步。在基础研究和创新上持续加大投入，华为在 ICT 等热点前沿领域已取得众多研究成果：在 5G 移动通信领域，对全球 5G 统一标准做出了积极贡献的同时，在技术研发验证、网络架构、产业合作等方面均取得了丰硕成果，持续领跑行业；在网络技术研究领域，华为发布业界首个 VR Ready 网络创新解决方案，并展示满足云计算、云网络需求的下一代分布式路由器创新架构；在消费者业务领域，华为与徕卡深度合作共同研发，全面引领了智能手机摄影趋势。

持续的巨额研发投入，让华为在 ICT 行业有了足够的积累，奠定了华为在技术、产品及解决方案方面全球领先的硬实力。

华为是一家能力型企业，
巧实力滞后，软实力先天不足

华为的硬实力远强于巧实力，巧实力远强于软实力。华为的硬实力已处于绝对优势地位，巧实力处于相对优势地位，软实力处于相对弱势地位：

★ 硬实力（技术、产品、方案）（强，受外界制衡小）：2000 年前，华为的硬实力弱于巧实力；2000 年后，巧实力与硬实力的差距越来越大。

★ 巧实力（营销、品牌、服务）（一般，受外界影响较大）：巧实力的灵魂越来越落后于硬实力的身体，华为营销能力总体落后于产品能力。

★软实力（国家、客户、对手）（较弱，受外界影响最大）：软实力一直是华为的短板。华为受益于中国"走出去"的红利，受制于中美博弈的大局，在北美市场突破比较困难。与美国企业在全球畅行无阻相比，华为拓展全球市场面临的政策软壁垒要大得多。

从华为的三大实力来看，发展非常不均衡。2018 年，华为研发投入高达上千亿元人民币，在全球企业中排在前列。高昂的研发投入，使华为在技术、产品及方案硬实力方面取得了显著的竞争优势，但巧实力的滞后和软实力的先天性不足，制约了华为的进一步高速发展。

在现有业务领域，如果华为巧实力、软实力与硬实力一样强，华为营销规模可以达到 3000 亿美元级，除去北美市场，可以达到 2000 亿美元级。

也可以说，在华为企业实力的三大极端灰度点中，华为只是在硬实力方面达到了极端点，巧实力离极端点有一定距离，软实力离极端点比较远。因此，构建的华为企业实力张力面积偏小，华为急需提升巧实力和软实力。

任正非可能已经意识到了，华为实力不均衡的原因是华为过于简化复杂的世界，内部不够复杂，能力建设不足，因此提出了未来的胜利是极简的胜利。只有华为内部的能力系统极复杂，华为才能为复杂的世界提供完美的服务体验。

▶▶ 未来的胜利是极简的胜利

任正非在讲话中提到，未来的胜利是极简的胜利，外部极简单，内部极复杂，复杂留给自己，方便留给别人。如果华为能做到极简，这世界还有谁能打赢华为？极简是对准客户的，留给自己是极其复杂的，而现在电子技术、芯片技术、计算技术等各种新技术已经能够把复杂问题简单化、智能化。未来华为要做到极简的网络、极简的商业模式、极简的组织结构、极简的流程，什么都极简，就是收入极多。

▶▶ 从智能手机看极致体验

从智能手机的用户角度看，只有手机本身足够复杂，功能极强大，使用极简单，才能给用户带来极致的体验；从华为企业客户的角度看，华为只有构建起满足客户核心需求的复杂的能力体系，才能给他们带来极致的体验。

一个内心简单的人，看这个世界很简单，因为他什么也没有看见，可能会很简单、粗暴地应对，不顾及后果；一个能够多维思考的人，他看这个世界是五彩斑斓的多维世界，也可能会很简单但从容地应对，带来良好的回馈。

对外极简单，内部极复杂或内部做极复杂的处理，才能应对复杂的世界。

▶▶ 华为组织 +1：
让流程管控多元化，提升流程效率与盈利能力

华为应根据三大 BG 的业务类型及其方案、合同及商务的重要性优化流程，方案和合同审核尽可能前置，商务审核应根据 BG 做不同的管控，运营商 BG 直销和消费者 BG 电商直销可用授权模式，企业 BG 和消费者 BG 线下销售必须采用相对集中的管控模式。

表 3-5　流程管控多元化示意

事项	运营商 BG	企业 BG	消费者 BG
方案审核	第三	第二	第三
合同审核	第一	第三	第二
商务审核	第二	第一	第一

以企业 BG 为例，商务如果采用授权模式，一线市场很快就会降低授权价格给合作渠道，价格根本守不住；如果一刀切又太死板，每次投标对手都可以非常容易地猜出华为的投标价格，不利于市场的有效竞争。企业 BG 的商务管控能力是核心能力，必须建立起有效、灵活、保密机制严密的管控系统，以适应复杂的市场竞争，让合作渠道方满意。

华为在企业 BG 和消费者 BG 线下充分发挥自身品牌、技术、产品、方案及组织优势，优化企业业务商业逻辑，提高营销技术含量，真正以客户为中心，建立价值链生态系统（直接客户 + 渠道 + 专家 + 资源），构建护城河或强攻通道，才能快速成为市场的绝对领导者。

流程管控多元化，并根据不同的业务特点，强化管控能力，才能提升华为的流程效率，进而提升客户满意度及盈利能力。

▶▶ 华为组织＋2：让交付变得简单，提高客户满意度

华为的产品品类繁多，市场遍布全球，供应链对客户满意度及利润的影响是非常巨大的，供应链的有效交付除了受后台的专业能力、库存影响外，核心在于一线销售预测数据的准确性和方案配置的相对固定化。

一线销售预测数据准确率提高：按不同的供货周期要求，设定录入系统的准确率考核指标。把准确率列为任职资格的必选项，市场各级人员的准确率达不到指标，任职资格就不能升等级。产品与解决方案部向 BG 输出方案模板，BG 向一线输出场景化方案模板，简化一线的方案及配置，让一线易于完成方案，减少方案呼唤炮火，也让公司供应链交付变得简单。

一线销售预测数据准确率的复杂化管理和通过复杂的工作使方案配置得相对固定化，让供应链变得简单。外部极简单，内部极复杂，复杂留给自己，方便留给别人。内部各级部门，让自己内部变得复杂或做复杂化的处理，给下一道流程输出简单，最终向客户输出简单，提升工作效率，提高客户满意度，提升公司获利能力。

第4章

华为营销 +

2000 年前，华为的巧实力强于硬实力，营销能力曾经是华为引以为豪的资本；2000 年以后，华为的营销能力与产品能力的差距越来越大。华为的成功率先来自运营商市场直销的成功，主要依托以客户为中心的业务适应开发 + 有策略的价格战 + 技术先进性。运营商客户的核心需求：质量好、服务好、运作成本低、优先满足客户需求。运营商是对外运营服务，因此对成本非常敏感。华为的产品线最全，利用产品金字塔优势，有策略的价格战是主要竞争手段。但简单销售、价格战在企业 BG 和消费者 BG 的线下销售并不适用。

我 1998 年进入华为，2008—2013 年，我在华三与华为企业业务正面竞争了 6 年，对华为的优势与不足有着深刻理解。华为的营销能力已经成为制约华为发展的一个瓶颈，核心原因在于华为对客户导向的理解出现了偏差，过于高估直接客户的组织价值，忽视了渠道价值。

▶▶ 有种战略叫作"抢先"

俗话说得好，不怕有缺点就怕没特点。华为早期没有核心技术，只有应用级创新，即芯片选择抢先，系统架构设计抢先，业务应用抢先（比如智能网、校园卡，帮助客户发展业务，突入核心市场），标准化抢先（接入网 V5 接口，给客户选择的机会，得到进攻别人市场的机会）。华为因芯片选择和架构设计的后发优势，在产品功能和性能上确实有优势，让一部分客户先成为粉丝，认同华为在引领技术潮流，再加上服务保障到位，成功渡过了系统死机的难关。结合业务开发与快速响应优势，结合价格优势，形成了"技术先进，性价比高"的进攻优势，依靠客户导向、加班文化、床垫文化等，用速度赢得了成功，抢先战略成为关键。

反观小米，没有核心技术，产品工艺也一般，核心能力就是营销，咋办？同样是产品抢先战略，即选用最新的芯片，与芯片厂商同步开发（大厂商往往比较保守，在产品上按部就班，芯片往往落后一代），这样，小米就面临系统验证时间太短的困境，死机和供货不足成为常态，于是小米搞出了两个概念：

★ 发烧友：既然是发烧友，在乎的就是产品功能强大、性价比高，前期产品出现死机也就不那么在乎了。

★ 饥饿营销：必须达到一定条件才有资格购买，把产品无法大量上市的不利现状转化成了粉丝的荣耀。饥饿营销本来是小米缺乏核心技术的硬伤所致，却成为核心卖点。

小米通过营销把两个致命缺点变成了时尚优点：发烧友 + 饥饿营销。它们成了小米抢先战略的有效步骤。同时，小米在定价上采用"高配平价"策略，实现了一个组装企业"技术领先、性价比高"的客户期望。同时，大厂商没重视它，手机行业本身过于庞大，客户需求层次多，增长非常快，因此成就了小米的初步成功。

▸▸ 营销三大驱动

所有的营销驱动最终都可以归结为三大类：终端驱动、价值链驱动及政策驱动。

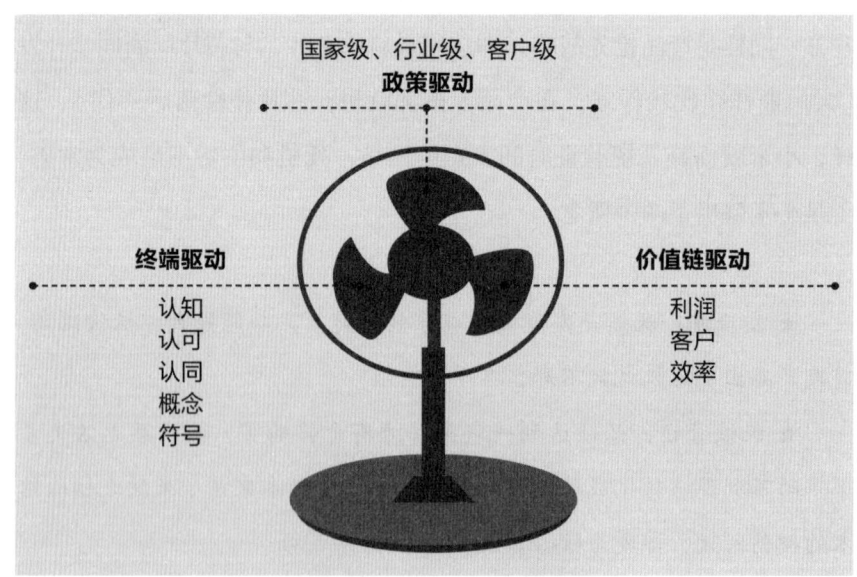

图 4-1　营销三大驱动

终端驱动主要是基于品牌、关系、价值、性价比、便利性。比如2B 主要是基于关系、价值、品牌的驱动，电商主要是基于性价比、品牌的驱动，便利店主要是基于便利性、性价比的驱动。终端驱动的品牌驱动分为认知营销、认可营销、认同营销、概念营销及符号营销五个层次，一个好的品牌要尽可能做到概念营销，最好是做到符号营销。王老吉、加多宝就是概念营销的典范，华为已经做到了符号营销。

价值链驱动是广泛存在的驱动方式，企业通过自有品牌代理或OEM①、ODM②等方式销售产品，是价值链的利益攸关方。比如华为企业业务代理渠道，第一关注同样的投入利润能不能多一点，第二关注跟着华为能否拿到更多有价值的大客户，第三关注合作开发市场与服务市场的效率高不高。

政策驱动又可分为国家级、行业级及客户级。国家级指国家整体政策行为，比如美国禁止华为在美国销售；行业级指行业级的政策规定，比如中央政府服务器采购要求采用国产芯片的服务器才能入围投标；客户级就是现在广泛存在的客户选型入围，在客户选型入围范围内的，才有资格销售。

无论什么类型的企业、从事什么业务，只要企业的营销设计基于这三大驱动来考虑，就可以快速系统地设计或诊断自己的营销驱动系统。

中国企业家中最低调的是谁？任正非。中国企业家中最高调的是谁？有人说是马云，以前有人说是陈光标，其实中国最高调的企业家还是任正非。任正非用低调的方法达到了高调的目的，任正非的文章《华为的冬天》《我的父亲母亲》《北国之春》《华为的红旗到底能打多久》等，以及内部讲话，企业家、管理学家谁不竖起耳朵听？他的管理哲学

---

① OEM，即 Original Equipment Manufacturer 的缩写，原始设备生产商，俗称"代工生产"。
② ODM，即 Original Design Manufacturer 的缩写，原始设计制造商，俗称"贴牌生产"。

思想更是被广泛学习与传颂，因此任正非成为中国企业界一个标志性的符号，被广泛膜拜，我也是最虔诚的膜拜者之一。

▶▶ 三大客户群驱动特点

表 4-1　三大客户群驱动特点

BG	驱动模式	说明
运营商	终端驱动＋政策驱动	一般采用直销，受客户和政策影响都很大
企业	价值链驱动＋终端驱动	一般采用准直销模式，价值链驱动排第一位
消费者	终端驱动＋价值链驱动	电商直销＋线下渠道销售，终端驱动排第一位

企业业务客户太广泛，信息化基础设施产品往往只是集成系统的一个环节，提供业务应用系统的集成商往往是服务主体，因此厂商被选择。一方面，客户认可，即终端驱动；另一方面，合作渠道认可，是价值链驱动。

与直销相比，准直销增加了渠道环节，销售模式由下象棋（双方）变成了斗地主（三方）。对于客户来说，能合作的渠道可能有很多家，能合作的厂商有很多家，销售模式的复杂程度不是高了一倍，而是高了一个数量级。

在直销模式中，厂商降低价格是很容易的。在价值链合作中，厂商降低价格，可能会严重损害渠道的利益，渠道不愿意降，因此，商务管控难度非常大，要求非常高。

❯❯ 三大客户群需求特点

表 4-2 三大客户群需求特点

BG	信息化定位	价格敏感度	客户核心需求
运营商	运营，企业生命线	非常敏感，直接影响竞争力	质量好、服务好、价格低、优先满足客户需求
企业	辅助管理或经营	极其不敏感	价格合理、质量好、服务好、优先满足客户需求
消费者	身体的延伸	敏感度不均匀	品牌好、产品好、价格合理、服务好

运营商购买解决方案用于对外运营，是企业的生命线，投资巨大，因此价格低就非常有效。在同一个区域市场，一旦其中一家购买了华为有价格、业务及技术竞争力的解决方案，就会引起连锁反应。其他运营商如果不购买，就会在竞争中处于不利地位，盈利能力也会大受影响。因此有策略的价格战是华为在运营商中攻城略地的看家法宝。

企业业务不一样，客户购买只是辅助管理或经营，投资额不大，并且客户本身的技术实力不是太强，对服务商的依赖就高一些。企业客户并不希望价格过低，如果因节省成本而影响系统的良好运行，带来间接损失，就得不偿失，信息化部门还承担着非常大的风险。

消费者产品，比如手机，属于轻奢品，打价格战的必要性不大，完全可以走高质高价的道路，这是消费品的行业特点。由于手机的消费群体对价格的敏感度不均匀，因此针对不同消费群体，只要制定合理的价格就可以。

运营商对价格敏感，有策略的价格战是竞争的核心战略；企业对价格不敏感，需要建立更加专业、细致、系统的营销体系，更多是服务力的竞争；消费者对产品价格敏感度不均匀，可以高质高价及合理地定价，也不需要走价格战之路。

▶▶ 三大客户群采购特点

表4-3 三大客户群采购特点

BG	选择心态	关键要素排序	采购特点
运营商	基于平衡心态	能力＋关系＋政策资源	厂商能力第一、关系第二，受政策影响大
企业	个别有平衡心态	关系＋能力	市场被"客户＋渠道＋厂商"价值链分割，极难攻破
消费者	完全没有平衡心态	能力	用户受品牌的影响大

运营商采购信息与通信解决方案，是为了运营。因此，规模大、本身技术实力强的运营商，不希望厂商一家独大，平衡心态是常态，往往控制单一厂商的份额。在运营商市场，对于后进厂商来说，利用客户的平衡心态是夺得一定份额的基本策略。运营商、厂商的实力第一，关系第二，受政策影响非常大。

企业业务市场只有少数采购规模比较大的客户有平衡心态，一般都不希望采用多个厂商的产品及解决方案，这会增加系统的复杂度及维护的难度。因此，企业的信任关系是第一位的，厂商能力是第二位的，市场被"客户＋渠道＋厂商"价值链分割，极难攻破，厂商短时间投入人力再多，价格再低，都无法快速取得预期的市场成效。

消费者市场完全没有平衡心态。消费者绝对不会为了平衡华为，再去买一部中兴手机。厂商之间完全是能力的竞争，谁把品牌、产品、渠道、服务做得好，定价合理，谁就能赢得市场，并且赢得的极限市场份额可以达到最高。

⤷ 三大客户群的价值导向

表 4-4　三大客户群的价值导向

客户群	成功的利益导向	客户	说明
运营商	组织价值	运营商	运营商之间是竞争关系，组织生存能力第一
企业	组织价值 + 渠道价值	直接客户 + 渠道	辅助管理或经营，系统能够满足需求即可
消费者	个人价值	消费者或消费者 + 渠道	价值率 = 价值感知 / 购买价格

华为的成功率先来自运营商市场直销的成功，运营商客户的核心需求：质量好、服务好、运作成本低、优先满足客户需求。运营商是对外运营服务，因此对成本非常敏感，华为的产品线最全，利用产品金字塔优势，有策略的价格战是主要竞争手段。

企业 BG 和消费者 BG 的线下销售主要是价值链驱动，如果价格空间不够，合作伙伴就愿意销售华为的产品或服务。企业 BG 多一个渠道环节，业务复杂程度不是高了一倍，而是高了一个数量级，如果厂商的降价措施影响到渠道的盈利，它是非常反感的，这是与运营商直销或电商直销最根本的差别。

⤷ 企业业务以客户为中心的价值营销

在企业业务市场中，不同客户的需求是完全不一样的，因此以客户为中心要看具体是哪种客户，针对它的核心需求提供最佳匹配，才能构建最佳的价值链，实现价值营销。

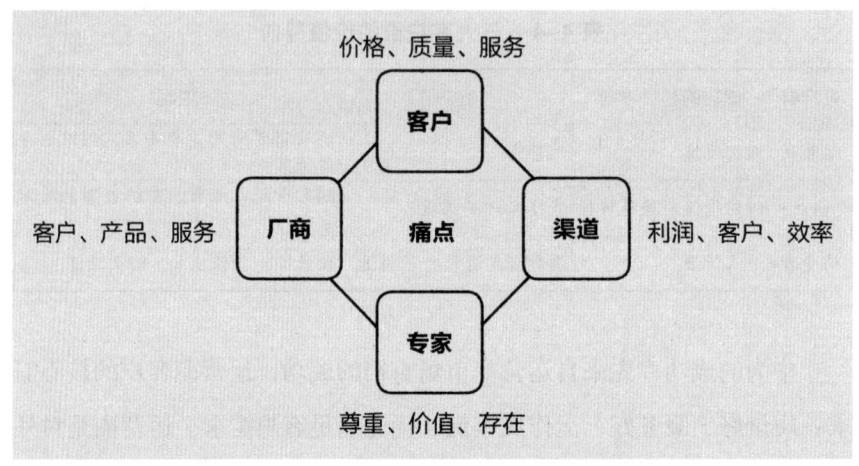

图 4-2 以客户为中心的价值营销

★ 客户（价格、质量、服务）：客户关注价格是否合理，过低的价格会造成服务出现问题，给自己找麻烦，质量与服务能够满足实际工作的需要即可。

★ 渠道（利润、客户、效率）：关注实得的价格空间，即毛利润；厂商是否可以带着它开拓更多高价值客户；同样的资金及人力投入，是否有更多收益。

★ 专家（尊重、价值、存在）：专家都是高知阶层，最在乎"江湖地位"是否被厂商重视，尊重与存在感是他们的核心需求。

★ 厂商（客户、产品、服务）：关注高价值客户的拓展、高端产品的突破及服务是否可以全部转移给渠道，尽可能避免在服务环节产生成本。

国内某著名景点，以前收费时，参观者络绎不绝，后来免费参观，从此门可罗雀，为什么？价值链断了，旅行社没有提成，不带客户去了。我 7 年前去贵阳修文县阳明洞，门票 2 元，只有华为一拨游客。我建议他们把文化内涵再挖掘补充，形式再多样化一些，县里做一个价格论证，把门票提高到 200 元，给旅行社提成 50 元，给导游提成 100 元。这样，价值链建起来，旅行社和导游一定会多带游客去阳明洞，甚至说可以不去黄果树，但没有到过阳明洞，那就是白去贵州。游客坐飞机离开前，顺便去参观及吃顿农家饭，一定门庭若市。

对于很多行业、很多业务类型，价值链驱动比终端驱动还重要。无论什么业务，如果从政策驱动、价值链驱动、终端驱动来思考与设计，就可以快、准、狠地找到营销的最佳途径，做到质量好、服务好、成本低，优先满足客户需求。这种营销方法是客观的，还是主观的？是客观 +主观的，满足了顾客感知价值。

▸▸ 华为企业 BG 营销 +：建立耗散结构型全员渠道营销体系

"耗散结构"理论是物理学中非平衡统计的一个重要新分支，由比利时科学家伊利亚·普里高津（I.Prigogine）于 20 世纪 70 年代提出。一个远离平衡态的非线性的开放系统（不管是物理的、化学的、生物的还是社会的、经济的系统）通过不断地与外界交换物质和能量，在系统内部某个参量的变化达到一定的阈值时，通过涨落，系统可能发生突变，即非平衡相变，由原来的混沌无序状态转变为一种在时间上、空间上或功能上的有序状态。这种在远离平衡的非线性区形成的新的稳定的宏观有序结构，由于需要不断与外界交换物质或能量才能维持，因此被称为"耗散结构"（dissipative structure）。

耗散结构已经广泛应用于管理科学。华为建立耗散结构型全员渠道营销体系，才能全面不断地与外界交换信息及能量，形成"自组织"能力。组织运作能够静水潜流，才能建立完善的渠道合作体系，支撑华为系统的长远发展。耗散结构中的"远离平衡态、非线性、开放系统、涨落、突变"可以解释为"愿景与持续变革、互补与级数增长、标准与融合增值、阻力与螺旋上升、意志与过程和结果"。

近年来，有两个重要因素影响全球生产力的提高：其一，公路、铁路、航空、水运等交通系统的发展，提高了物流的效率，降低了物流的成本；其二，信息化的发展，提高了信息流和资金流的流转效率。"世界是平的"与上述两者基础设施的改善关系很大。华为从事的信息行业深刻地改变了人们的工作、生活、学习环境。

为了适应软件定义世界的需要，需要建立耗散结构型全员渠道营销体系，这种体系具备全面与内部/外部多维交换信息、聚集能力的条件，能够与合作伙伴建立全面、广泛、扎实、共赢的新型合作体系，提升增值能力与服务价值，共创蓝海市场。

国内市场信息化发展的转变

经过多年的发展与积累，信息化对生产力的提升得到业界广泛的认同，并随着信息化综合成本的大幅度降低，国内市场信息化正在发生深刻的变革，面临三个巨大的转变：

由一、二级城市向三、四级城市延伸转变。 信息化建设从以省会城市为核心向地市、区 / 县延伸，省会城市的投资比例在不断下降。区 / 县的信息化投资达到现在地市投资规模时，省会城市的投资比例将下降30% ~ 50%，市场规模呈现跨越式增长。同时随着网上存量的增长，每年更新的比例也会不断增大，国内信息化综合投资保持几何级数增长。

由大单位向中小单位全面发展转变，信息技术应用平民化。 一方面，规模较小的单位也能够实现信息化；另一方面，随着业务与信息化的紧密结合及部署成本的降低，数据安全及业务不间断实时应用成为必然的要求。以前的高级别应用，如容灾系统，将进入寻常百姓家。

由单一 / 离散业务向业务融合转变。 业务整合需要融合业务网络建设，并随着进入业务应用型阶段，多媒体业务成为主要的业务需求之一。比如平安城市，英国现在有 340 万余个摄像头，平均十几个人就有一个，如果国内平均十人一个，将会有亿计数量，平均投入 2 万 ~ 5 万元，就有数万亿元投资。平安城市成为服务型政府的基础管理平台，不仅用于社会治安、交通管理，还可以广泛应用于城市服务。

面临营销覆盖战略的转变

建立二级运营中心：在原有省会城市和部分计划单列市建立的一级运营中心的基础上，以地市或行业为中心建立二级运营中心。这个战略的转变是否能够取得成功，关键在于合作体系的建设：在方案方面，能否建立业务开发、业务集成与业务服务的紧密合作关系，厂商能力是否能够有效传递给合作体系；在二级运营中心的建立中，如何有效发挥合作伙伴的资源优势，与合作伙伴共同建立与有效运作二级市场，建立全面化、专业化、多元化的合作体系，适应市场趋势的转变。

新型合作体系建立的根本目标就是从项目运作型或市场运作型向需求创造型转变，提升增值能力与服务价值，共同实现增值，创造蓝海市场。

建立耗散结构型全员渠道营销体系

在区域市场，华为的工作对象是四个平台（客户平台、渠道平台、资源平台、品牌平台），华为的团队能力要求是"四个全员"（全员营销、全员渠道、全员技术、全员服务），工作有分工，但不分家，所有人的工作都是相关联的，这样可以提升每一个人的综合素质，提升团队的战斗力，提升服务于客户和合作伙伴的能力。

在组织中，每个人既要有本位主义（责任），也要有全局观（义务）。首先要有本位主义，努力把本职工作做好，这是每一个人的责任；其次要有全局观，团队的业务是相关联的，关注全局才能消除业务壁垒，实现团队业绩的最大化，这是每一个人的义务。

基于四个平台和"四个全员"的耗散结构型组织，消除了组织运作的瓶颈，具备了全面与内部／外部多维交换信息、聚集能力的条件。开放型、学习型、自愈型组织是耗散结构型组织成功实施的保证：

★ 开放型：团队人员都要具有强烈的开放心态，实现无边界工作状态，互相促进，密切配合，主动靠近业务边界，消除业务壁垒。

★ 学习型：团队互相学习相关业务的基本要素，具备批判与自我批判能力，不断改进工作与业务技能、意识。

★自愈型：团队工作分工不分家，业务技能有侧重但全面覆盖，工作全面强相关或弱相关，老成员的变化不会引起震动，新成员很容易融入。

在渠道平台建设方面，需要建立耗散结构型渠道营销体系。华为人人都是渠道人员，即全员渠道，无论是产品、销售还是服务人员，不同业务对口的人负责发展与维护不同的渠道合作伙伴。渠道只有与业务紧密结合才会产生效果，其发展与维护应分工。分层发展与维护，对于一些比较大的合作伙伴，不仅办事处与高层应建立良好的沟通渠道，而且应该把合作伙伴内部人员根据业务分工，分别由业务关联度最大的人去维护与交流，全面沟通、全面合作。渠道系统在渠道的管理职能是规划、统筹、监控与协调。

在区域市场建设渠道合作体系要有全面、完整的规划与培育，必须关注渠道圈子建设，才能为建立全面的蓝海市场奠定基础。

人人都是渠道人员，建立全面、广泛、扎实、共赢的耗散结构型全员渠道营销体系，与合作伙伴共同提升方案营销能力，共同规划与有效运作市场，提升华为系统的差异化服务能力，共创蓝海。

尊重行业规律，以不同客户的核心诉求为中心构建处理复杂事务的能力系统，构建具有处理复杂事务的组织能力系统，让客户与华为合作变得简单。

▸▸ 全面的客户导向

客户导向是企业价值产生的源泉。为客户提供性价比高、响应速度快、提升客户竞争力的产品与服务，通过全程信息化改进管理效率，提高交付能力，与同行共同提升与分享产业链的价值，确保持续为客户提供优质服务的能力。

华为对"以客户为中心"的定义：

★（价值源泉）为客户服务是华为存在的唯一理由，客户需求是华为发展的原动力；

★（如何做到）质量好、服务好、运作成本低，优先满足客户需求，提升客户竞争力和盈利能力；

★（管理效率）持续管理变革，实现高效的流程化运作，确保端到端的优质交付；

★（产业价值）与友商共同发展，既是竞争对手，也是合作伙伴，共同创造良好的生存空间，共享价值链的利益。

客户导向说起来容易，做起来可就难了，绝对不是态度好、服务意识好就可以做到客户导向。客户导向是一门高深的技术活，我认为至少要从四个维度来理解与执行客户导向：

★ 客户是什么角色？

★ 技术导向与客户导向是什么关系？

★ 产品导向与客户导向是什么关系？

★ 客户导向的本质是什么？

客户角色：是阵地，还是朋友，或是上帝？

设备厂家与客户的关系究竟是什么？这个问题一直困扰着广大从业人员，也很少有人真正弄清楚在现实中，真正的顶级营销人员需要从不同维度同时建立三种关系：

★ 客户是阵地（实质）：无论做任何营销工作，最终的目的是占领客户的心智，客户是必须逐步有策略占领的阵地，这是大客户营销目标导向的基本点。

★ 客户是朋友（关系）：人是感情动物，人和事往往分不开，与客户建立亲密的朋友关系，有利于合作共赢及巩固维持合作关系，这是大客户营销建立阵地及巩固阵地的基本点。

★ 客户是上帝（心态）：以前有一个同事，挺能干，业绩也不错，但上不了大台阶，根本的原因就是兼容性差，自己喜欢的客户，态度就好得不得了，自己不喜欢的客户，态度就差得不得了，而对于顶级营销人员来说，这是致命伤。主管领导经常引导他：客户是华为的衣食父母，对待父母，难道心态还摆不正吗？他有上进心，后来过了这一关，无论遇到什么客户都从容面对，自然就达到顶级水平。这是大客户营销建立广泛合作关系的心理基础。

也就是说，从本质上，要与客户达成合作，客户就是阵地；从关系上，要与客户处好关系，客户是朋友；从心态上，客户是衣食父母，客户是上帝。

在市场营销中，在技术、产品、方案（硬实力）及服务（巧实力）和政策环境（软实力）相当的情况下，从本质、关系、心态三个维度来建立与客户的关系，就可以取得市场竞争优势，获得客户服务优势。

技术导向与客户导向

满足客户需求还是引导客户需求？其实也不矛盾，创新的方法有三种：超越客户创新、超越对手创新、超越自己创新。技术导向有两种可能：一种是以现有的技术生产产品，但不知道具体的客户对象；另一种是通过技术创新，引导市场需求，创造市场需求。成功的企业都是在满足客户和引导客户需求两种境遇中交叉前行。

手机行业本来也是红海，但苹果通过整合式创新，不仅使手机本身在体验上发生历史性的改变，还在生态方面也发生了重大改变：通过封闭的系统，让数十万家合作伙伴都可以获利，可以开发更多的应用；服务于苹果十亿级的客户，这些应用大大增加了苹果的黏度。

苹果的创新超越了原有的客户需求，创造了新的体验与需求，超越了客户、对手及自己。库克当家后，在技术创新导向方面鲜有成就，但在用户导向方面做得还不错，推出大屏手机和变厚的平板电脑，挤压了三星的生存空间，提高了用户体验。

华为的创新是由单纯的客户需求导向转为客户需求导向和技术创新导向双轮驱动，目前已在全球范围内与客户建立了数十个联合创新中心。这些中心也成为华为在整合全球资源、参与全球竞争中的重要创新线索来源和试验地。

纵向整合侧重外部资源，横向整合侧重内部资源。苹果是纵向整合创新的成功典范，华为是横向整合创新的典范。华为要向 BICODT 两端 BT 和 DT 纵向发展，需要更强的纵向整合能力。要在纵向整合方面有更大成就，需要更开放的心态、更低的姿态和共享的机制。

华为的发展进入深水区，已经基本完成了 BICODT 的横向整合创新，在运营商、企业、终端三大业务方面形成了客户化技术、产品与解决方案。华为终端目前也只是完成了横向整合，即内部资源的整合，如何与百万级合作伙伴合作，去链接十亿级的"花粉"，大大增强终端用户的黏度与延伸价值，需要纵向整合。

华为是内部资源横向整合创新的高手，但在云服务、终端、企业业务、BT 创新方面的运营模式及文化需要等方面有非常大的差别，需要整合广泛的外部资源并让其获利。

产品导向与客户导向

"产品导向"就是压强原则，即针尖战略。产品导向适合于新创业企业或新产品，拿产品找客户，从产品角度找客户，看什么样的客户适合，从产品角度快速突破市场。

"客户导向"就是强压原则。对于已经合作的客户或具有某一行业特征的客户，比如运营商、金融行业、政府，企业要提升效率，就不能从产品角度来推广产品，应转为向客户提供方案的角度全面提供服务，甚至从解决方案的角度来开放产品，全面满足客户的需要，完成从产品导向向客户导向的转变。

从产品导向走向客户导向，就是从产品提供者向解决方案提供者的转变。无论是运营商、企业还是消费者业务，都围绕客户的场景需求，开发客户化解决方案，增强客户黏度，提升拓展效率，由压强原则转向强压原则。

★ 华为首先进入运营商领域，也是从几百门的小用户交换机开始的，然后按客户的需求场景，逐步扩展到光传输、无线、业务软件、数据通信等客户场景需要的技术、产品及解决方案。

★ 华为企业业务的数据通信产品，最初也只有最低端的产品，然后中端、高端全部提供，再提供服务器、存储、安全等客户场景需要的技术、产品及解决方案。

★ 华为进入终端，先是手机，然后是平板电脑、手环、手表、车联网、智能家居，围绕个人消费的工作、娱乐及生活全场景提供主要的技术、产品及解决方案。

华为的成长之路，就是由产品导向快速转向客户导向。2017 年 8 月，华为正式进入云服务领域（直接面向企业服务），标志着华为进入 BICODT 全产业链，加上企业业务的"被集成"，华为将通过链接数十万级合作伙伴，直接链接数百万级的企业级客户和十亿级个人客户，进一步增强华为强压战略的能力。

究竟怎样做是真正意义上的"以客户为中心"

以 B2B 业务为例，先以客户价值为目标，以短、中、长期资源合理投入且价值最大化为策略，以本年度效率最高为标准做客户价值金字塔，也可以根据季度做适当调整。按客户价值金字塔分配资源，就是真正意义上的以客户为中心，本质上是以"我"的利益为中心，兼顾与平衡短、中、长期客户回报配置资源。

以区域、行业、大客户做各主要竞争企业的市场 map[①] 或以渠道 map 为基础，以企业本身战略及区域、行业策略为依据，企业如何以客户为中心的层次就出来了。比如，如果企业实力不够，一个太大的客户反而不是短期内的重点客户，前期维持即可，等实力差不多了，可以摸高了，再重点进攻。

一般来说，商业合作原则是强强合作、弱弱合作，很难有强弱合作。华为从农村包围城市，再走向国际，逐步摸高上来，早期得益于采购权分散，地县局有采购权，当时的产品、实力与当时的主体客户相对应，靠小客户的小单子凑出来的。

华为的硬实力（产品、技术）很强，软实力（政策环境）一般，巧实力（服务质量）超强。华为的巧实力来自有竞争力的薪酬分配制度和超越平常的服务文化，硬实力来自持续的研发大投入。

华为的发展主要依托硬实力和巧实力，逐步突破软实力的玻璃天花板，国内国外均是如此，避免暴力使用竞争力优势，用温水煮青蛙的方法，逐步做大做强，成长于低调与无形。绝大部分企业的硬实力的成长需要很长时间，软实力也不容易获得。华为的巧实力靠有竞争力的激励制度和以服务为导向的狼狗文化，从而大大超越一般企业，获得竞争优势。

拼海外，自愿者多到要筛选——无畏福岛核灾，一天抢通 300 个基站。在华为总部的每一位员工，不论是任职超过 10 年的资深主管，

---

① map：营销地图。

还是刚加入不到 7 个月的菜鸟工程师，甚至只是负责接送的司机，都把"以客户为中心"挂在嘴边，像是已经植入了 DNA 中。

口号人人会喊，但华为是真的落实，华为的文化是活的，不是死的。判断一家公司成功与否，要看它的潜规则与显规则是否一致，不能说一套做一套。华为不只一致，还相呼应，这是华为最了不起的地方！

▶▶ 极致的狼狗文化

侄儿从英国留学回来，到华为面试，其中一个问题是：公司产品还不太成熟，你是现在就推销给客户还是等成熟以后再推销给客户？侄儿想了想，华为这么大的公司，应该对客户负责，当然是产品成熟以后再卖。缺乏"狼性"的侄儿失去了工作机会。我问侄儿，你是现在去找工作，还是等成熟以后再去找工作？你与家人、同学、朋友相处了 20 多年，还是不成熟，怎么能变成熟呢？现在去找工作就是走向成熟的过程，在工作中与各个方面的人打交道，人才能成熟。其实产品也一样，在实验室里是无法成熟的，必须走向市场才能成熟，市场人员的价值就是为公司产品成熟赢得机会。

无论是狼文化还是狗文化，首先要去掉狼文化、狗文化是贬义还是褒义的心理藩篱。它们不存在褒义或贬义，只是代表文化的特征。所有企业文化最终都体现为要么服务，要么征服，没有第三种特征。狼文化 = 征服文化，狗文化 = 服务文化。

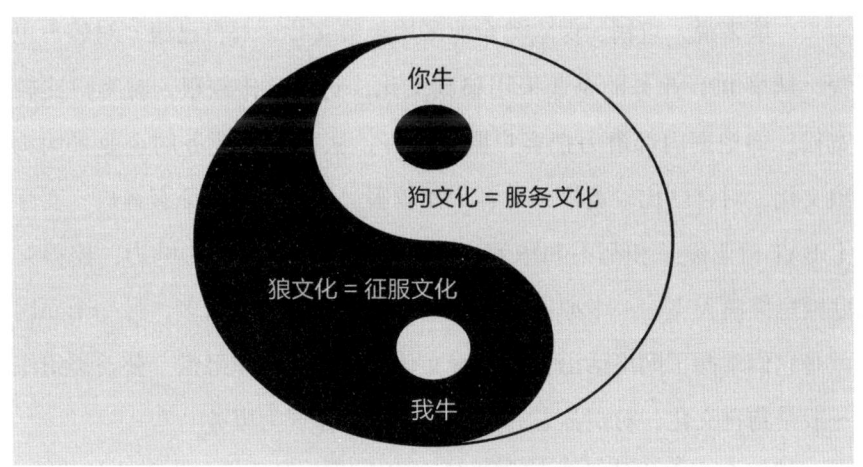

图 4-3　极致的狼狗文化

所有企业文化落地都有对外、对内两个维度，没有第三个维度。企业文化可以归纳为狼狼、狼狗、狗狼、狗狗四种文化。两种特征和两个维度的组合，囊括了一切企业文化的基本特征。任何一个企业必须至少有一种适合的基本文化，从事多个业务领域的企业，不同的业务领域，可以有不同的基本文化，也只有不同的基本文化，才能使企业做得更好。

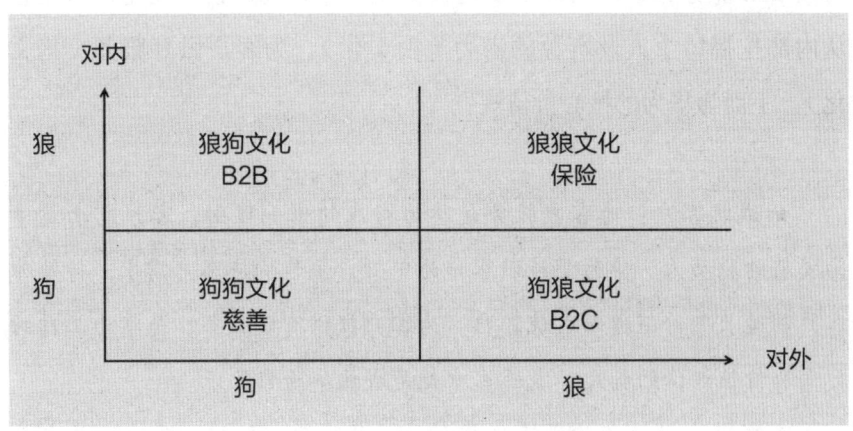

图 4-4　狼狗文化示意图

一般来说，直销、保险类企业采用狼狼文化，对自己狠，对客户也狠；从事 B2B 业务的企业采用狼狗文化，对自己比较狠，对客户比较宽松，即挖掘内部潜力把客户服务做好；从事 B2C 业务的企业采用狗狼文化，对自己比较宽松，对客户比较狠，从"势"上征服客户。实际上 BAT 营业额总和都不如华为，但为什么有那么大的影响力，搞得互联网思维满天飞？一个原因是它们是入口平台，用户众多，另一个原因就是它们掌握了网络话语权，征服文化泛滥造成群体恐慌。公益类组织一般是狗狗文化，对捐款者和被捐者都主要体现为服务。

任何企业文化的基本特点，从根本上讲，都是狼、狗文化的组合，只是强度有差异而已。企业根据自己的客户特点及追求，设定及分析自己的企业文化，是需要加强外部的服务能力还是征服能力？是需要挖掘内部的资源潜力还是营造更宽松的环境？一切根据客户对象及企业自身追求来设定并不断改进。狼、狗文化组合分类是企业文化研究里程碑式的成果。

一直以来，大家都误以为华为的核心文化是狼文化，但实际上，华为以 B2B 业务起家，文化本质是狗文化，准确说是狼狗文化，即充分从内部挖掘每个人及资源的潜力（狼文化），为客户做好服务（狗文化）。下面为华为的核心价值观：

★ 成就客户：为客户服务是华为存在的唯一理由，客户需求是华为发展的原动力。华为坚持以客户为中心，快速响应客户需求，持续为客户创造长期价值进而成就客户。为客户提供有效服务，是华为工作的方向和价值评价的标尺，成就客户就是成就华为自己。

★ 艰苦奋斗：华为没有任何稀缺的资源可以依赖，唯有艰苦奋斗才能赢得客户的尊重与信赖。奋斗体现在为客户创造价值的任何微小活动中，以及在劳动的准备过程中为充实提高自己而做的努力。华为坚持以奋斗者为本，使奋斗者得到合理的回报。

★ 自我批判：自我批判的目的是不断进步，不断改进，而不是自我否定。只有坚持自我批判，才能倾听、扬弃和持续超越，才能更容易尊重他人和与他人合作，实现客户、公司、团队和个人的共同发展。

★ 开放进取：为了更好地满足客户需求，华为积极进取、勇于开拓，坚持开放与创新。任何先进的技术、产品、解决方案和业务管理，只有转化为商业成功才能产生价值。华为坚持客户需求导向，并围绕客户需求持续创新。

★ 至诚守信：华为只有内心坦荡诚恳，才能言出必行，信守承诺。诚信是华为最重要的无形资产，华为坚持以诚信赢得客户。

★ 团队合作：胜则举杯相庆，败则拼死相救。团队合作不仅是跨文化的群体协作精神，也是打破部门墙、提升流程效率的有力保障。

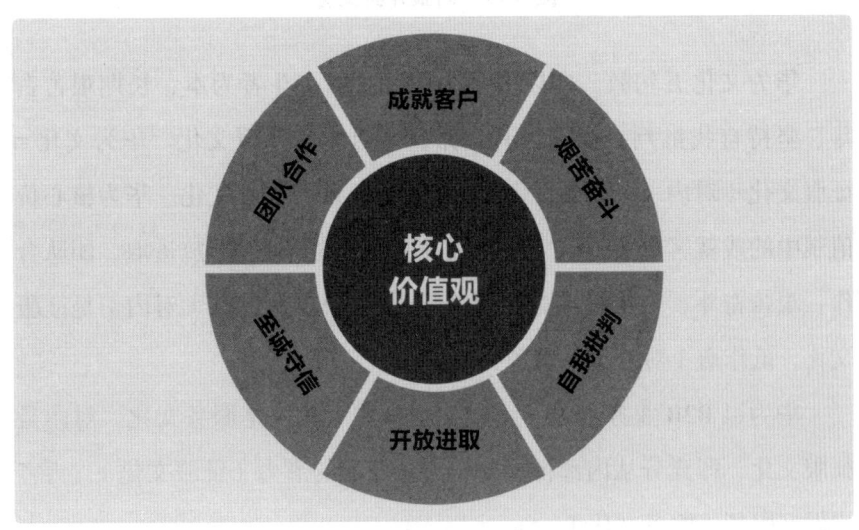

图 4 5　华为的核心价值观

华为的六大核心价值观（成就客户、艰苦奋斗、团队合作、至诚守信、开放进取、自我批判）哪些是狼文化？哪些是狗文化？显然，成就客户和至诚守信是服务文化，是狗文化，是对客户的；艰苦奋斗、团队合作、开放进取、自我批判是征服文化，是狼文化，是对自己的。

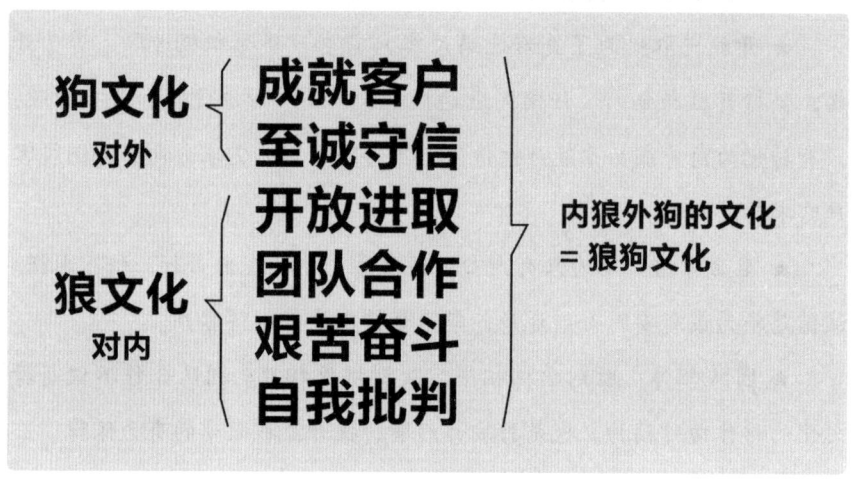

图4-6　内狼外狗文化

华为文化五句教，即以客户为中心、以奋斗者为本、长期艰苦奋斗、坚持自我批判、投降没有出路，是对内的征服文化。华为文化＝征服文化（对内）＋服务文化（对外）＝极致的服务文化。华为核心价值观中的成就客户、至诚守信是服务文化（对外），开放进取、团队合作、艰苦奋斗、自我批判是征服文化（对内）。深淘滩（对内）是征服文化，低作堰（对外）是服务文化。

华为以B2B业务起家，企业文化本质上对外是服务文化，对内是征服文化，即充分从内部挖掘每个人及资源的潜力（征服文化），为客户做好服务（服务文化）。

华为的文化就是狼文化与狗文化杂交的文化，即内狼外狗文化：对内，像狼一样挖掘资源潜力、无私奉献，成为最优秀的奋斗者；对外，像狗一样做好客户服务，追求完美。

狼文化有四大特征：第一，敏锐的嗅觉，时刻关注外部机会，比别人快半步闻到肉味；第二，强烈的进攻意识，一旦闻到这个味，本能地冲上去，不讨论、不开会、不汇报；第三，不是一只狼扑上去，而是一群狼，讲团队精神；第四，团队在扑上去的时候不是一窝蜂，而是有分工与合作，有主攻、有副攻，甚至还有做出牺牲的。

华为以奋斗者为本，确定的是以奋斗为主题的文化。华为公司所有制度、政策都是以奋斗来定位的，不能奋斗就不是华为人，是要被淘汰的。华为建立的各项制度基本假设为员工是努力奋斗的，而公司决不让"雷锋"吃亏。华为坚决淘汰那些眼睛看着老板，屁股对着客户的人，这帮人是华为大厦的拆台者，这些人是为了谋取个人利益的最大化。

在华为的考核体系、评价体系、分配体系里边，怎样让奋斗的人得到更多的钱，而且比他想象的还多？他要一万块，给他两万块，他会不满意吗？华为的压力这么大，为什么大家还愿意接受呢？在一定程度上来说，华为给的钱比别人给的多得多，所以大家愿意承受，这是重要原因。

任正非说，人都是懒惰的，谁不想舒舒服服的。为什么要奋斗？现在华为是国际化公司，在国际市场上，华为的当地员工占 70%，有很多华为高层质疑跟中国人讲奋斗可以，跟老外讲奋斗可以吗？老外是否能够认同华为文化，对于本地员工，美国人、印度人、非洲人，是否能理解华为文化？结果发现，老外反而比华为人更能认同华为文化，硅谷文化也是典型的奋斗文化。

"以客户为中心"在华为并不仅仅是一条标语，华为是怎样把这个基本主张贯彻下去的呢？就是通过制度、流程，把以客户为中心变成每个人自主的行动。华为人本身就是奋斗者，所以能长期坚持以奋斗者为本。至于艰苦奋斗到什么时候，没有限定。其实一个公司的商业模式、基本模式成型以后，就是不断地复制。

如果你以竞争对手为中心，你就永远跟在别人后面，只能模仿别人，很难超越别人，而且你也解决不了根本问题。以客户为中心，你就会知道客户的需求是什么。华为这一点做得非常好，比如说最早的时候，一个邮电局的小科长到深圳考察，任正非亲自炒菜给他吃。其实旁边就有大排档，请他吃饭也花不了多少钱，但是自己炒菜的感觉是不一样的，这就是注重客户的感受。

华为只有一辆车的时候，如果任正非要出去，同时来了一个客户，那车毫无疑问是要去接客户的。这是非常重要的，也是华为根本的原则，他们做到了别人做不到的，包括内部员工培训，一些企业文化的东西都很感人。在汶川地震的时候，华为第一时间响应，移动、联通在此后有这种应急响应的时候，就会第一时间想到华为。这就是以客户为中心。

30多年来，华为能走到今天靠的就是狼文化与狗文化的完美结合。当然，所有经营得比较好的B2B企业，要做好经营，一般都是狼狗文化，只是华为说得更鲜明，做得更极致，才造就了华为的成功。华为要想继续成功，仍然要保持狼狗文化，做到极致。

华为的类军队运作体系要求把狼狗文化做到极致。狼文化，就是要对自己狠一点；狗文化，就是要对客户好一点。狼狗文化的杂交及极致运作，构成了华为的核心企业文化，充分挖掘内部资源潜力为客户提供最好的服务，这是华为铁军的根本指导思想。

2019年3月，华为已经把公司核心价值观改为：开放、合作、共赢，这三条全部面向外部客户，进一步强化华为"以客户为中心"的世界观。数字世界、智能世界的构建与"落地"需要整个生态的共同努力。华为坚持打开边界，与世界握手，与合作伙伴一起建立"互生、共生、再生"的产业环境和共赢繁荣的商业生态体系，共同促进数字世界、智能世界的加速发展，让人们受益更多。华为与供应商、合作伙伴、产业组织、开源社区、标准组织、大学、研究机构等构建共赢的生态圈，推动技术进步和产业发展；我们遵从业务所在国适用的法律法规，为当地社会创造就业、带来税收贡献、让使能数字化，并与政府、媒体等保持开放沟通。

过去 30 年，华为以奋斗者为本，取得了巨大成功，华为的广告宣传也多见是"以奋斗者为本"强调华为的价值观，华为"以奋斗者为本"做到了极致，但"以客户为中心"还有很大的改善空间；今后 30年，华为将进一步强化"以客户为中心"的世界观，这意味着华为有机会取得更大的商业成功。

当然这并不意味着华为不再重视"奋斗文化""狼性文化"，这个价值观不会弱化与改变，对内的狼性文化也仍然会保持与发扬，在可预见的未来，艰苦奋斗、团队合作、开放进取、自我批判的对内狼文化，永远都是华为 DNA 的一部分。同时"以客户为中心"，对客户的服务走向极致，产生更大的文化张力，实现更有力量的狼狗文化。

▶▶ "落地"内真外诚

西方民主制实际是长期的宗教信仰对人们精神的专制主义的一种对冲机制。因此希腊、罗马行政上采用民主制，是建立在对外征服和奴隶制之上，原型是斯巴达，对内特别仁慈（内基督法纲），对外特别残酷（外丛林法则）。任何一种事物都是平衡的才能持久：年轻时开明，年老就唠叨；空姐工作笑，回家多半木；外表越热情，内心偏冷漠……西方用统一的宗教信仰实现了对人的精神专制主义。

任正非曾经号召大家学习《美军还能打仗吗》一文。"美国军官荣誉准则规定：第一，我们决不说谎。第二，我们决不欺骗。第三，我们决不偷窃。第四，也决不允许我们当中任何人这样做。""《军人手册》规定，如果你对上级非常佩服，非常尊重，请用以下三种方式表达：第一，对上司施以标准军礼。第二，认真执行上级指示。第三，尽职尽责，提高本单位战斗力。"

这是什么？这就是"内真"，美军要求内部要真，内真就是个人或组织能够"自我批判"，自我批判才能不断进步。以美国为例，对内特别仁慈；相对应的是对外完全以自身的利益为核心，特别残酷，借助二战、冷战、9·11等，美国每次都把自己装扮成领导者、国际警察、解放者及受害者，从而为干涉世界提供了"口实"，这就是"外诚"。

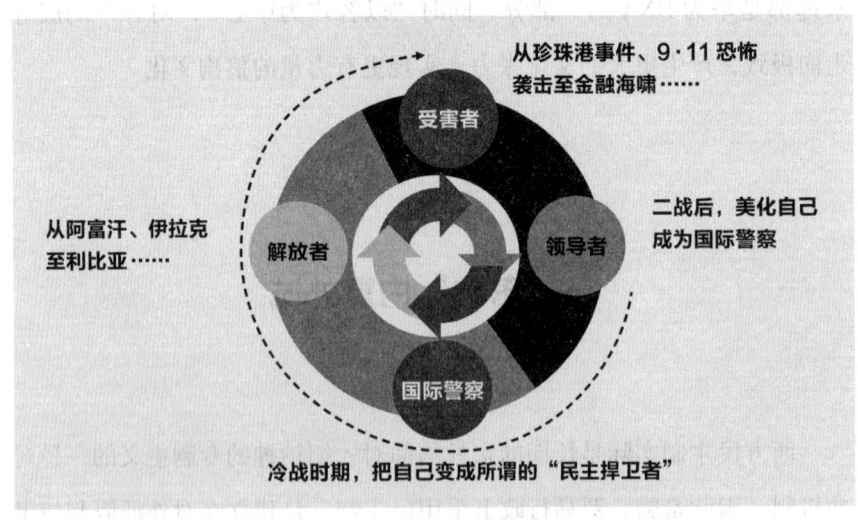

图 4-7　美军的"内真""外诚"

内真通过自我批判来实现，内部能够高效解决客户问题，提升团队的执行力。外诚需要一系列的话术体系、故事体系及媒体传播，使企业产品的价值产生更大溢价，获得更多销售及利润。

组织有效沟通的极致：内真外诚，内真使组织有执行力，外诚使组织有服务力。

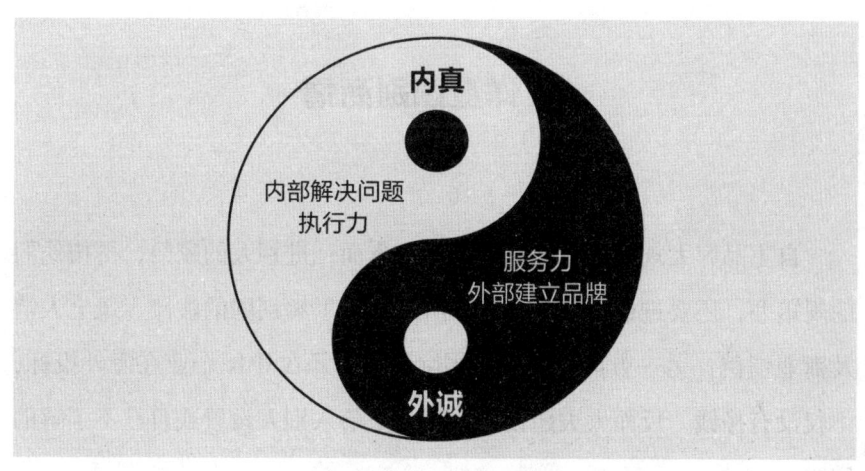

图 4-8　内真外诚

对内，沟通要点：简单、直接、粗暴。简单必须直接，直接就是粗暴，目的是快速实现内部信息对称化，达成内真。对外，沟通要点：复杂、间接、委婉。复杂必须间接，间接就是委婉，目的是让客户对信息了解不对称，达成外诚。

内真就是内部不隐瞒问题，上下信息尽可能对称，左右信息不一定对称，提高效率，实现高效；外诚就是对外必须有包装，所有对客户的信息都尽可能不对称，形成品牌，产生溢价。内真外诚是组织内外高效、高质运转的关键。组织运作差的，往往是反过来，内部充满谎言，没效率；外部对公司了如指掌，何谈品牌，如何产生高溢价？

华为通过全产业链纵向发展、横向整合创新扩张，通过内真外诚，把一切执行和服务做到了极致，构成了华为强大竞争力的重要要素之一，构成了"没有秘密而成功的华为"，构成了人人可以做，但又做不到华为那样的极致。

▶▶ 详查国别商情

自主品牌大规模进入国际市场，一方面，进别人的家门，得按他们的规矩办，还要进得去，出得来，所以必须了解别国的法律、风土人情及商业惯例；另一方面，要规避国际陷阱，不少中国企业在海外投标，不仅没有挣钱，反而大大赔钱，原因就是落入别人设置或自己不了解的陷阱。

华为为了满足全球市场的拓展，花了两年多时间，完成了《国别商情调查指导书》和《国际投标商务指导书》，并设立法律遵从委员会、道德遵从委员会，它们成了华为进入全球市场的基石，既尊重了市场又避免了陷阱。

外贸商情调研报告是指运用科学的方法，通过对世界经济与贸易的现状、变化趋势以及对各国的商品市场行情、销售环境、流通渠道、竞争结构等进行广泛、深入的调查研究所写的书面调查报告。它是研究世界经济贸易、市场现状和变化的重要手段。

国别（地区）商情调研是指对某一国家或地区的有关情况进行广泛调查了解，同时对有关贸易情况做重点考察研究之后而写成的书面报告。调研的主要内容有：政治情况——社会制度、政治体制、执政党派及人物、对外政策、对我国的态度等；经济情况——经济发展水平、工农业生产、物产资源状况、财政金融货币、失业情况等；对外贸易情况——对外贸易方针和政策、进出口商品结构和规模、贸易额、贸易渠道与方式、贸易对象及贸易管理等；社会情况——地理环境、自然条件、风俗习惯、宗教信仰等。

国别（地区）商情调研的主要目的在于做到知己知彼，以便在对外经贸活动中选择合作伙伴，建立和发展贸易关系，进而在国际贸易中占领市场、扩大市场。国别（地区）商情调研报告，是市场调研、商品调研和客户调研的基础。每一个具体商品市场供求关系的变化、商品价格的波动、客户的动态等，都会受到有关国家或地区的政治、经济、贸易政策等诸多方面的影响。因此，只有切实搞好对某一国家或地区的商情调查研究，全面了解该国家或地区的有关情况，写好国别（地区）商情调研报告，以此为基础，才能进一步写好该国家或地区的市场、商品、客户等的调研报告，取得更好的效果。

市场调研报告是指对市场供求关系进行调查研究后写成的书面报告。调研的主要内容有：某市场对某类商品的需求、容量，该市场某类商品的供应来源及客户情况，某类商品的销售情况、消费对象、消费习惯、消费季节性变化、价格动态等。市场调研的主要任务是在调研基础上分析和预测我国出口产品在国际市场上的供求关系和发展趋势。

市场调研的目的是为了收集足够的、真实的和有效的信息为企事业单位等的活动和策略服务，为管理部门提供参考依据。利用市场调研的可以是企业、公司、团体以及事业单位的管理决策层或个人。市场调研的目的可能是为了制定长远的战略性规划，也可能是为制定某阶段或针对某问题的具体政策或策略提供参考依据。

商品调研报告是指在对特定市场消费者对于某一商品各方面的要求、竞争对手商品的特色、推销活动特点等进行调查研究后写成的书面报告。调研的主要内容是：有关商品的品种、质量、规格、商标、包装装潢和出口情况，进口国对这类商品的要求，其他国家同类产品的品质、包装等各方面的特点及销售情况。

商品调研的目的在于弄清商品在国际市场销售中存在的问题，消费者对商品的具体要求，研究扩大商品销售的对策，提出今后改进的意见和建议，以便开发新产品，加速商品的升级换代，开拓新市场，扩大商品销售。

价格调研是指对国际市场商品价格变化的原因、规律以及趋势等进行分析研究后写成的书面报告。价格调研的主要内容是：有关商品在国际市场上的价格及其变动情况，影响国际市场商品价格的诸多因素，如供求关系的变化，垄断集团对商品的控制和竞争，有关国家、地区外贸政策、措施的改变，战争、罢工等政治事件的影响，气候等自然条件的恶劣变化等。

价格调研的目的在于及时了解并掌握国际市场商品价格水平与走向，认识价格变动规律，预测价格变化趋势，为价格决策提供参考依据。

客户调研报告是指对客户的政治背景、资信情况、经营范围、经营能力等情况进行调查研究后写成的书面报告。客户调研的主要内容有：政治情况——客户的政治背景及其对我国的政治态度。资信情况——"资"，指资金，客户的注册资本、实缴资本、资金融通能力；"信"，指信誉、信用、经营作风。经营范围和经营能力——主要指客户经营的商品，是合伙还是独资，企业的活动能力、销售渠道、经营方法等。客户调研的目的在于摸清客户的基本情况，做到心中有数。这样，一方面可以及时发现并揭露形形色色的骗子，防止上当受骗；另一方面可以发现更多更好的贸易伙伴，扩大贸易往来，利益共享，平等互利，使贸易建立在长期、稳定、可靠的基础上。

世界经济贸易和国际市场错综复杂、变化无穷，决定了商情调研的复杂性和艰难性，也决定了所需资料的多样性和广泛性。这样就必须克服搜集资料过程中可能遇到的各种困难，找到适当的途径：

通过我国各种外经贸机构、科研机构搜集资料。通过我国各种外经贸机构、市场研究机构以及各外贸公司，系统地搜集各种有关的资料，包括国际商品市场的最新动态，国外厂商的资本数目、经营管理能力、资信情况等；通过我国各外经贸高等院校、各高等院校中的外经贸科研机构，从有关专业书籍、已发表的一般文章以及科研论文中搜集有关资料。

通过有关媒介搜集资料。国内外有权威的报纸、杂志发布的有关经济、外贸资料，世界各大通讯社、电视网播发的经济贸易电讯、新闻、综述，国内外有影响的企业家、经济学家和国际组织机构中有关权威人士的演讲、发表的文章等都是华为可以广泛搜集的有关商情资料。

通过直接调查采访搜集资料。从与外商洽谈交易、往来函电中，直接获取有关资料；通过对各种定期或不定期在我国举行的展览会、交易会进行直接调查，获取有关信息；通过派代表团、推销组出去，直接对国内外市场进行调查，获取第一手资料；还可以通过对外国来访的友好人士、学者等进行直接采访，获得所需资料。

第 5 章

华为活力 +

企业保持组织活力的主要表现为：企业可以有效参与的市场份额始终远离极限份额，即远离平衡态。一旦接近极限份额，就意味着企业无论如何努力，发展都将进入停滞；一旦行业衰退，企业甚至会随着行业变化进入衰退阶段。业务战略远离平衡态的方法主要有三种：其一，提升巧实力（营销、品牌、服务），提高现有业务的市场份额；其二，提升软实力（国家、客户、对手），增加现有业务可以参与的市场区域；其三，提升硬实力（技术、产品、方案），开发新的业务类型。无论是硬实力、巧实力还是软实力的提升，都来自组织活力的提升。

根据《财富》统计，2013年，华为收入388亿美元，在全球排名第285；联想收入387亿美元，在全球排名第286；2018年，华为已经上升到第72名，收入893亿美元；联想排名第240，收入453亿美元。华为快速上升的原因非常明确，就是成功进入了手机领域，突破了天花板（远离了平衡态）。在2018年的收入中，终端业务占43%，如果剔除这一部分收入，华为营收只有509亿美元，比联想略好一点。如果华为2008年卖掉了手机业务，或者没有成功进入手机行业，华为就是一家平凡的公司，业务进入平衡态。

联想由于没有在手机领域取得持续成功，传统PC业务市场停滞，联想业务进入平衡态，触及天花板。联想与华为的根本差距就是组织活力，华为是完全从2B转型到2C，取得了巨大成功。而联想本身涵盖2C和2B，原先的2C品牌、线下渠道及粉丝用户相对小米、OPPO、VIVO而言，应该处于优势的技术与华为差距大，但与小米、OPPO、VIVO相比，技术上没有什么差距。联想为什么没有取得一席之地？根本的原因就是组织活力不足。

▶▶ 企业活力之源

企业活力是衡量企业生存与发展能力的一个模糊概念。企业作为自主经营与自负盈亏的商品或服务生产者与经营者，遵循着市场客观经济规律的要求，在生产经营过程中，通过激发组织活力和个体活力，充分发挥全体员工的积极性、主动性及创造性，在市场竞争中呈现出良性循环的自我成长能力。

企业活力由业务战略和竞争能力决定。业务战略决定企业可参与空间，即企业竞争能力再强，如果企业的市场占有率太高，增长的代价就会变得太大，就很难高速增长，甚至停止增长或负增长。企业业务战略正确，可参与空间很大，但企业本身的竞争力不足，即使有市场空间，企业仍然不能获得增长能力，甚至停止增长或负增长。

企业业务战略和竞争能力决定企业活力：

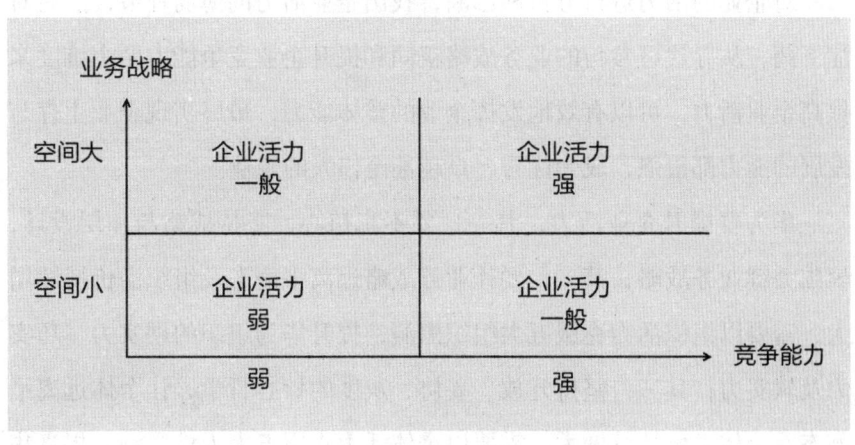

图 5-1　业务战略和竞争能力示意图

★ 第一种情况（可参与市场空间小，竞争能力弱），企业活力就很弱，企业绩效肯定很差，甚至失去生存能力。

★ 第二种情况（可参与市场空间大，竞争能力弱），企业活力一般，企业有一定的生存能力和发展潜力，在市场趋于饱和时，生存能力和发展能力都面临挑战。

★ 第三种情况（可参与市场空间小，竞争能力强），企业活力一般，企业生存能力较强，但发展潜力有限，需要开辟新的业务空间。

★ 第四种情况（可参与市场空间大，竞争能力强），企业活力强，企业生存能力很强，发展潜力也非常大，就是最优秀的企业。

企业是否开辟新的市场或产品领域，与有效的参与空间与自身的竞争能力有关系，如果竞争能力弱，即使进入一个大空间市场，也不意味着有生存与发展机会。对于处于平衡态，趋于饱和的市场，如果没有新的有竞争力的业务参与机会，可以通过减人增效，挖掘内功，保持企业生存能力。

对企业的活力进行分析和诊断，找出企业活力的薄弱环节，然后对症下药，从寻找可参与的业务战略空间和提升企业竞争能力两个维度来提高企业活力，可以有效地发挥企业的整体能力，最终实现企业生存与发展的能力都很强，成为优秀、卓越甚至伟大的企业。

华为要提升企业活力，其一，要不忘初心，坚持战略与顶层设计，聚焦关键业务战略；其二，要让业务战略远离平衡态及组织溢价持续增大，需要以组织活力克服五大组织黑洞，提升华为组织的硬实力、巧实力及软实力；其三，坚持开放、妥协、灰度的核心哲学，让个体远离平衡态及个体溢价持续增大，需要以个体活力克服五大人性黑洞，提高华为个体的创造活力。

►► 华为总体活力引擎

华为以战略与顶层设计为引领，以企业文化四句教为内核，以干部队伍体系和组织流程体系建设为抓手，以全面创造价值、正确评价价值、合理分配价值为驱动，使 18 万人的华为成为一个有组织记忆并能自然生长的大型生物性组织，形成了非常强大的组织活力，企业获利能力、竞争能力、生长能力、适应能力和凝聚能力都具有世界级水平。

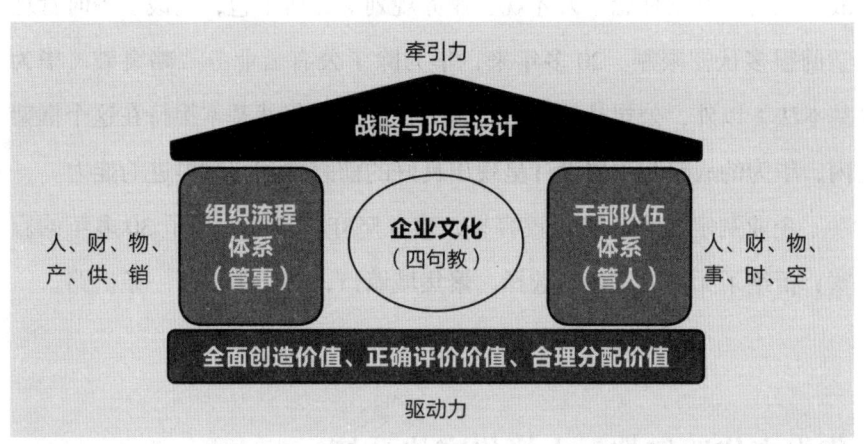

图 5-2　华为人格化文化系统生物性组织的总体活力引擎模型

做企业要有梦想、有情怀，华为就是一个一直被梦想和情怀牵引的公司。1992 年，任正非站在一个纸箱子上，冲着底下六七十位员工狂喊：华为要超四通。当时员工第一个反应是觉得不可能，因为那时华为的销售额还不到一亿元人民币，而四通的销售额已经高达 20 亿元人民币。令人意外的是，华为用了 3 年时间就超过四通。一个梦想实现了，任正非就接着造梦想，一个比一个大。1994 年，他就喊出了"十年之后，世界通信制造业三分天下，必有华为一席"的"狂言"。2013 年，华为整体销售收入超越爱立信。2017 年，华为电信设备超越爱立信成为全球第一，不仅有其一，还成为其中最大。2017 年，华为手机市场份额在全球排第三，华为喊出成为全球第一的目标。2018 年 8 月，又具体提出在 2019 年第四季度成为全球第一，在未来 3 ~ 5 年全球市场份额达到 30%。2017 年，华为刚进入公有云领域就喊出"要分天下而占其一"。

华为企业战略与顶层设计做得好，《华为基本法》是华为公司的一部企业宪法，全文共有 6 章 103 条 16400 字，该法 1995 年着手起草，1998 年制定完成，2000 年在业界大流行。企业愿景、文化、价值观、战略取向、经营理念、人才观、业务规划等无所不包，突破了当时管理学的很多认知限制。20 多年来，华为除了公有云业务战略突破《华为基本法》以外，公司其他经营管理的核心理念仍然基本维持在这个框架内，华为的战略与顶层设计呈现出良好的前瞻性和与时俱进的能力。

企业制定一个战略比较容易，难在坚守。华为耐住了 30 多年的寂寞，拒绝了无数的诱惑与选择，聚焦城墙口，终于杀出了一条血路。

华为文化四句教，人格化文化系统

华为文化内核——以客户为中心、以奋斗者为本、长期艰苦奋斗、坚持自我批判是极端灰度，站在四个极端点上，构成了华为文化内核的最大张力面积。极致的常理就是真理，华为文化四句教构成了华为完整的人格化文化系统。

华为吸收了世界的先进文化，形成了人格化的文化系统——完整而又放之四海皆准的普适性文化系统，对内是有效黏结不同国籍、不同宗教信仰的全球员工的企业文化，对外是有效黏结广大客户及合作伙伴的品牌传播，是诠释华为成功及华为继续成功的核心要素。

组织流程体系建设的目标是管事，组织流程体系管理的六大要素：人、财、物、产、供、销。后五个是可以控制的，唯独人是控制不了的，但以制度约束或激励是可以的。

★ 人，对人管理的组织与流程；

★ 财，对财务管理的组织与流程；

★ 物，对货物管理的组织与流程；

★ 产，对产品研究开发的组织与流程；

★ 供，对产品采购、生产与供应的组织与流程；

★ 销，对产品销售与服务的组织与流程。

组织流程体系的主要目标是建立对事的管理体系，确保华为有序运作。

干部管理体系的目标是管人，干部管理的六大要素：人、财、物、事、时、空。事分为例行事务、基础事务、创造性事务和例外事务，干部应侧重于创造性事务和例外事务方面。对时、空的管理就是干部的战略能力，战略的本质最后体现为以时间换空间或以空间换时间。美团、滴滴大亏损补贴投入，就是以空间换时间；华为坚持聚焦通信与信息行业战略，提升组织力，赢得发展空间，就是以时间换空间。

★ 对人，对人管理的组织与流程；

★ 对财，对财务管理的组织与流程；

★ 对物，对货物管理的组织与流程；

★ 对事，对事务管理的组织与流程；

★ 对时，以时间换空间，就是战略；

★ 对空，以空间换时间，也是战略。

干部管理体系的主要目标是建立对人的管理体系，确保华为人员的活力。

内部价值管理"铁三角"：
全面创造价值、正确评价价值、合理分配价值

文化是力量的源泉，18 万人心往一处想，劲往一处使，这就是对外部的"力出一孔"战略，以客户为中心，齐心协力做好市场；对内部要"利出一孔"，以奋斗者为本，给火车头加满油；以结果为导向的评价体系，让华为的评价聚焦价值贡献，因而客观、公平、公正。这三者结合起来，构成了华为成功的内部价值管理"铁三角"。

随着企业规模扩大，不少企业的评价体系就会变得很复杂，各种管理工具往往模糊了企业评价的重点，让"南郭先生"变得越来越多。华为的评价体系一直聚焦核心：你奋斗了没有？你的奋斗产生了多大贡献？有好的绩效就是有高绩效的奋斗者。大家力出一孔，聚焦客户多打粮食或增加土地肥力。以客户为中心创造价值难，其实价值分配有时更难，华为非常好地解决了价值分配的问题。以奋斗者为本，给火车头加满油，让奋斗者获得合理回报。

华为"以奋斗者为本"的核心理念，从企业战略、文化内核、干部管理、绩效管理及价值分配等方面全方位落地。华为是理想主义 + 现实主义，在爬珠峰的过程中不断"下蛋"。华为在讲宏大愿景的同时，也

满足个人的实际需求，华为的薪酬、奖金、TUP^①及虚拟股权分别对应华为与员工的价值交换、价值分享、利益共同及命运共同体，高绩效奋斗者、奋斗者、劳动者与公司形成不同的价值关系。华为是中国较早实行员工持股的企业，现在约有 50% 的员工是华为的股东，在企业发展的同时，他们也获得了相对丰厚的回报。

▶▶ 华为组织活力模型

华为的组织活力来源于业务战略、外部输入、克服组织五大黑洞的五大负熵活力、对外有效输出及对内对外代谢输出五个部分：

表 5-1　华为组织活力模型

业务战略 （耗散结构， 远离平衡态）	1. 通过巧实力的提升，提高现有业务的市场占有率，即使行业衰退，华为仍然可以增长 2. 通过软实力的提升，实质性进入美国市场，提高在北美、日韩澳等区域市场的占有率 3. 通过硬实力的提升，进入数据服务领域，为新技术、新应用奠定平台，为现有业务价值增加杠杆效应；进入汽车领域，这个行业足够大，又是奢侈品市场，华为现有的消费品牌、营销渠道及相关技术积累都有利于参与这个庞大的市场，这个市场也是唯一可以撑大华为的关联行业。只要组织力足够，今后数十年，华为的业务战略都会远离平衡态		
外部输入	企业自然走向熵增 （无序）	活力（负熵，有序）	对外有效输出
人 财 物 产 供 销	组织腐败	利出一孔，腐败零容忍	人 财 物 产 供 销
	山头主义	轮岗制、平台制	
	组织懈怠	干部能上能下，新员工引入 淘汰制、退休制 炸开人才金字塔、能力系统建设	

---

① TUP：Time Unit Plan，奖励期权计划。

续表

外部输入	企业自然走向熵增（无序）	活力（负熵，有序）	对外有效输出
人财物产供销	流程僵化	管理驱动，端到端流程最佳 最终市场经营结果导向	人财物产供销
	创新乏力	战略驱动，力出一孔 激励驱动，给火车头加满油	
对内对外代谢输出：调整或淘汰不符合组织活力要素的组织			

业务战略要解决其组织宏观上处于耗散结构，远离平衡态的情况，主要表现为：华为可以有效参与的市场份额始终远离极限份额，即远离平衡态。一旦接近极限份额，就意味着企业无论如何努力，发展都将进入停滞；一旦行业衰退，企业甚至会随着行业变化进入衰退阶段。业务战略远离平衡态的方法主要有三种：1. 提高现有业务的市场份额；2. 增加现有业务可以参与的市场区域；3. 开发新的业务类型。

华为 30 多年的高速发展是因为通信与信息服务行业巨大的市场空间，聚焦这个行业，不断提升组织实力，业务战略始终远离平衡态。华为当前规模大了，可参与的市场空间已经比较大，部分业务已经处于平衡态，比如运营商业务。中美博弈带来的负面影响加剧了远离平衡态的难度，公司的发展已经面临挑战，华为只有继续改善硬实力、巧实力及软实力，才能让业务战略远离平衡态。

使华为业务战略远离平衡态的具体办法：1. 通过巧实力的提升，提高现有业务的市场占有率，即使行业衰退，华为仍然可以增长。2. 通过软实力的提升，实质性进入美国市场，提高在北美、日韩澳等区域市场的占有率。3. 通过硬实力的提升，进入数据服务领域，为新技术、新应用奠定平台，为现有业务价值增加杠杆效应；进入汽车领域，这个行业足够大，又是奢侈品市场，华为现有的消费品牌、营销渠道及相关技术积累都有利于参与这个庞大的市场，这个市场也是唯一可以撑大华为的关联行业。只要组织力足够，今后数十年，华为的业务战略都会远离平衡态。

组织的价值输入是人、财、物、产、供、销，输出也是人、财、物、产、供、销，企业产生的价值就是 $V_{输出} > V_{输入}$[①]，差距越大，说明企业创造的价值越大，要么是多打了粮食，要么是增加了土地肥力，即获利能力、竞争能力、生长能力、适应能力和凝聚能力五个方面的综合价值增加。

在自然情况下，组织的五大黑洞——组织腐败、山头主义、组织懈怠、流程僵化及创新乏力都要熵增，走向无序，华为以相应的措施注入负熵，走向有序。要让业务战略远离平衡态及组织溢价持续增大，需要以组织活力克服五大组织黑洞，提升华为的硬实力、巧实力及软实力。华为以利出一孔，对腐败零容忍等措施，解决组织腐败黑洞；以轮岗制、平台运作制等措施，解决组织山头主义；以干部能上能下、新员工不断引入、末位淘汰制、退休制、炸开人才金字塔、能力系统建设等措施，解决组织懈怠黑洞；以端到端流程最佳及最终的市场经营结果为导向等措施，解决组织流程僵化问题；以力出一孔、给火车头加满油、目标管理等措施，解决组织创新乏力的问题。

对内对外代谢输出：调整或淘汰不符合组织活力要素的组织，让组织始终处于极佳的活力状态。

---

① V 是指凝结在商品中由工人必要劳动时间创造的价值。

▸▸ 华为个人活力模型

华为个人活力来源于核心哲学、外部输入、克服人性五大黑洞的五大负熵活力、对外有效输出及对内对外代谢输出五个部分：

表 5-2 华为个人活力模型

核心哲学（耗散结构，远离平衡态）	1. 开放：向别人学习，华为才会有更新的目标，才会有真正的自我审视，才会有时代的紧迫感 2. 妥协：只有妥协才会使坚定不移的正确方向减少对抗，只有如此才能达到正确目的 3. 灰度：具体执行留有空间，不要精确到位，利于后面的热胀冷缩等适度的管理		
外部输入	**个人自然走向熵增（无序）**	**活力（负熵，有序）**	**对外有效输出**
人 财 物 事 时 空	懒惰	长期艰苦奋斗	人 财 物 事 时 空
	自私	以客户为中心	
	贪婪	以奋斗者为本	
	虚荣	坚持自我批判	
	恐惧	投降没有出路	
对内对外代谢输出：调整或淘汰不符合个人活力要素的个人			

华为每一个人坚持开放、妥协、灰度的核心哲学，就可以让华为个体处于耗散结构，远离平衡态，主要表现为：1. 开放：向别人学习，华为才会有更新的目标，才会有真正的自我审视，才会有时代的紧迫感；2. 妥协：只有妥协才会使坚定不移的正确方向减少对抗，只有如此才能达到正确目的；3. 灰度：具体执行留有空间，不要精确到位，利于后面的热胀冷缩等适度的管理。

个人管理的价值输入是人、财、物、事、时、空，输出也是人、财、物、事、时、空，个人产生的价值就是 $V_{输出} > V_{输入}$，差距越大，说明个人创造的价值越大，要么是多打了粮食，要么是增加了土地肥力，即对人的激发、对财务的管理、对物资的管理、对创造性和例外事务的管理，给战略能力带来了增值。

在自然情况下，人性的五大黑洞——自私、贪婪、懒惰、虚荣及恐惧都要熵增，走向无序，华为以文化内核五句教注入负熵，走向有序。要让个体远离平衡态及个体增值持续增大，需要以个人活力克服五大人性黑洞，提升个体的主动性、创造能力及战略管理能力。华为以客户为中心，对抗人性的自私；以奋斗者为本，对抗人性的贪婪；以长期艰苦奋斗，对抗人性的懒惰；以坚持自我批判，对抗人性的虚荣；以投降没有出路，对抗人性的恐惧。

对内对外代谢输出：调整或淘汰不符合个人活力要素的个人，让个体始终处于极佳的活力状态。

▸▸ 客户需求与技术创新

以客户需求为中心做产品，以技术创新为中心做未来架构性的平台。现在华为是两个轮子在创新：一个是科学家的创新，他们关注技术，愿意怎么想就怎么想，但是他们不能左右应用；技术是否要投入使用，什么时候投入使用，华为要靠另一个轮子 Marketing（市场营销）。Marketing 不断地在听客户的声音，包括今天的需求、明天的需求、未来战略的需求，才能确定华为掌握的技术该怎么用，以及投入市场的准确时间。

今天的华为有 18 万名员工，仅研发队伍就有 8 万人。过去 10 年研发经费累计 600 亿美元。华为在研发领域一直坚持"理想主义与现实主义并重，客户需求与技术创新双轮驱动"。华为的研发体系是理想与现实并重，既仰望星空，着眼于未来；又脚踏实地，把握住现在。

华为大胆从假设创新到方向创新，从方向创新到思想创新，从思想创新到理论创新，从理论创新到技术创新，从技术创新到商业创新。思想研究院、实验室、外部科学家，共同研究未来 5 ～ 10 年的技术方向，这是理想主义。研究就是把"金钱变成知识"，华为研发经费的 20% ～ 30% 投入在研究领域。

庞大的专家及工程师团队，承接具体的产品开发任务，并在产品生命周期内提供终身服务。开发就是将"知识转化成金钱"的过程。华为建立了集成产品开发流程来管理这两个转化过程，实现从机会到商业变现。

爱迪生无疑是伟大的，但他选择了直流电方向，最终败给了交流电系统。企业技术战略趋势的预判与选择，决定着企业的生死存亡。未来，通信行业的技术发展方向的预判，对华为而言，也是十分关键的。华为坚持"以客户需求和技术创新双轮驱动"，帮助华为把握机会，规避风险。

客户需求驱动，就是围绕客户的现实挑战与商业诉求而不断创新，比如：华为有一个被沃达丰专家称为"很性感的技术发明"，叫作 SingleRAN，可以在一个机柜内实现 2G、3G、4G 三种通信制式的融合功能，可以为运营商节约最多 50% 的成本。

技术创新就是为了确保未来的核心竞争力，抢占战略制高点。SingleRAN 成功的背后是华为俄罗斯研究所的算法支撑，研究所的一位年轻科学家，在关键时刻打通了 3G 和 4G 的统一算法，从理论基础上支撑了 SingleRAN 产品的成功。SingleRAN 是"客户需求和技术创新双轮驱动"的成功案例。

开放是华为一贯坚持的，深圳就是改革开放后才由一个小渔村变成了大都市。任何一个在封闭的环境中成长起来的人或者产品都是没有太大前途的，华为现在的产品大部分都是互相通用的，无论是操作系统还是控制芯片；人也是这样，如果太封闭，就把自己圈在了一个小范围内，离开了外界的支持，终难有所成绩。

现在人与人之间面对面分享的机会不是很多，很难开放自己的内心，大家不愿意，好像也没有太多兴趣诉说，但是在网络上倒是很热情、很开放。微信、微博、博客、QQ 等都是大家集中分享的地方，都把自己最好的东西拿出来"晒一晒"，这其实也是一种开放的姿态，特别是微博达人，包括姚晨、韩寒等，都是很厉害的人，他们的一呼百应让人明白了这个传播时代，开放带给社会的力量。

当年很多人在新中国成立的时候回国，埋头苦干、自力更生、任劳任怨，创造了一系列成绩，包括钱学森、邓稼先、李四光等前辈，他们是华为的榜样，值得华为尊重；但是人不可以狭隘，毕竟现在和那个时代不一样了，现在是开放的时代。现在，大部分工作都可以不必自己亲力亲为，人不要封闭，产品也不要封闭。

如果华为背负起社会的包袱，背负起中华民族振兴的包袱，华为就活得太累了，背负的责任也太重了。现在的华为应该强调以开放的心态、合作的心态去做事情，去做企业，不可固执、守旧、自我封闭；清朝实行闭关锁国政策，唯我独尊的结果就是带来了中华民族近代几十年的耻辱。前车之鉴，不能忘却。

以开放的心态做好自己的最强项，然后找更多的人合作，华为不开放就代表着死亡。

▶▶ 一杯咖啡吸收宇宙能量

在 2016 年 5 月的一次座谈会上，任正非用"一杯咖啡吸收宇宙能量"从侧面解释了华为式的"蜂巢思维"。在他看来，蜂群网络的节点可以简化为一个"咖啡杯"，即鼓励华为员工跟全球最优秀的人才喝咖啡，交流最前沿的创新想法，并尽可能快速开展合作。

"在这个'咖啡杯'里，以你们为核心，团结世界所有同方向的科学家，淡化工卡文化。如果那些科学家做出了跟你们同样的贡献，那么就要给他们同样的待遇。"任正非对员工们说。

他甚至提出可以试试"人才众筹"，就是对特优秀人才可以"快进、快出"，不扣住人。"不求他们归我们所有，不限制他们的人身自由和学术自由，不占有他们的论文、专利……只求跟他们合作。"任正非将兼容并蓄更进一步，他说，"咖啡杯里"不仅要有有学问的科学家，还要有一些"歪瓜裂枣"瞎捣乱，也期望"黑天鹅"飞到这"咖啡杯"中来。

高级干部要少干点活儿，多喝点咖啡。视野是很重要的，不能老像中国农民一样，关在家里埋头苦干。美国是很开放的，这是我们不如美国的地方。最近胡厚崑写了一篇文章《数字社会的下一波浪潮》，就专门讲"过去拥有的知识已经没有意义了"，知识不是最重要的，重要的是掌握知识和应用知识的能力和视野……高级干部与专家要多参加国际会议，多"喝咖啡"，与人碰撞，不知道什么时候就擦出火花，回来写个心得，你可能觉得没有什么，但也许就点燃了熊熊大火让别人成功了，只要我们这个群体里有人成功了，就是你的贡献。公司有这么多务虚会就是为了找到正确的战略定位。这就叫"一杯咖啡吸收宇宙能量"。

2017 年 12 月 11 日，任正非在喀麦隆代表处的讲话中谈道：

一杯咖啡吸收宇宙能量，并不是咖啡因有什么神奇作用。而是利用西方的一些习惯，表述开放、沟通与交流。你们进行的普遍客户关系，投标前的预案讨论、交付后的复盘、饭厅的交头接耳……我都认为在交流，吸收外界的能量，在优化自己。形式不重要，重要的是精神的神交。咖啡厅也只是一个交流场所，无论何时、何地都是交流的机会与场所，不要狭隘地理解形式。

法国的花神咖啡馆是几百年来文人作家的交流场所。摩洛哥里克咖啡馆是二战期间各国间谍的交流场所，不是有《北非谍影》吗？老舍茶馆、成都的宽窄巷……是用品味吸收人们去交流，你约不到人，咖啡馆就是可被动获得机会的邂逅，不仅仅是学术。

我强调公司要开放，见识比知识还重要，交流常常会使你获得一些启发。

我觉得你们年纪轻轻就走出国门，就到了艰苦地区，不要自闭于代表处，自闭于首都，要大胆融入当地社会，更重要的要融入当地的上层社会，市场的机会、格局的形成，都在他们手里。西方人好运动，你们固守在"闺房"中，如何交朋友？打球去、滑雪去、水上运动去……一切运动都是接近客户的机会。没咖啡，胜似咖啡。

对此，有网友评论道：

不要以战术上的勤奋掩盖自己战略上的懒惰，战略上的决策能力取决于视野和结构性思维能力，而开阔视野、结构性思维和战术执行是相冲突的，在战术细节上花费的心思越多，那么往往视野会变得越狭窄，思维空间越容易被局限。

时势造英雄，选择往往比努力重要，方向性选择的决策能力比战术执行能力更为关键。一杯咖啡之所以能够吸收宇宙能量，是因为喝咖啡之际能让人脱离诸多细枝末节，能让人精神放松，能和其他人进行思想交流，能开阔自己的视野，增强自己的全局思维能力，不以一城一池之得失判断成败，而是以整体价值最大化判断得失。

▸▸ 乱中求治，治中求乱

华为强调精细化管理，是为了使扩张不陷入混乱。在混乱中怎么走向治？乱中求治。但只强调精细化管理，公司是会萎缩的，还要在治中求乱，也就是打破平衡继续扩张。市场不是绘画、绣花，不仅要有精细化管理，还要有清晰的进取目标，要抓得住市场的主要矛盾与矛盾的主要方面。进入目标市场要有策略，要有策划，在撕开城墙口子时，需要坚定的决心和持久的毅力，以及领导人的自我牺牲精神。扩张与精细化管理并不矛盾，要有效结合起来。

华为寻求长远利益与短期利益的平衡，走均衡发展的道路。效率优先，兼顾公平，可持续发展，是华为价值分配的基本原则。不论齐家治国，还是管理企业，总是要治不要乱，"乱"是作为"治"的对立面出现的，也是应该尽量规避的。但是任正非却提出"乱中求治，治中求乱"的企业管理理念，而且以华为公司企业发展的成功实践做了证明，实在是深得企业管理的真谛。一个企业创业、发展，再创业、再发展，不断创业、不断发展的螺旋上升过程，其核心就是活力与规范的有效结合与互动。

　　企业在混沌初开的创业阶段，往往是最有活力的，冲劲十足，想到了就做，即使做错了也可以从头再来。很多企业就此发展起来，当然也有不少因为失误而无声无息。而一旦企业成长起来，规模做大了，进入了正轨，企业运作就要求规范，只有规范才能尽量避免失误和不必要的内耗，争取效益最大化。也只有这样，才能在更大范围的市场上展开竞争。这就是一个"乱中求治"的过程，也是企业发展的重要过程，没有这个过程，企业走不远，也不可能在市场竞争中取胜。

　　规范的管理避免了混乱和失误，提高了企业的运行效率和效益。但是，看上去四平八稳的管理，也容易使企业激情减退、活力降低、求稳怕乱、故步自封、思想僵化、应变乏术，最终在激烈的市场竞争中落败。这当然是每个企业管理者乃至全体员工都不愿看到的结局。所以，一个企业最难的就是既能够规范运作，又保持着创业的激情与奋斗精神。这就需要有"治中求乱"的精神和工作思路。而这种"乱"与企业处于混沌创业状态下无序的乱是完全不同的两个概念，不可同日而语。

　　"治中求乱"的"乱"应该包括了两层含义：其一，这种"乱"是在"治"的基础上有序的、合理的、积极的"乱"，因此，这种"乱"是有规范的"乱"，甚至是有制度保障、得到制度鼓励的必要的"乱"，是一种以主动的"乱"来化解企业活力衰退情况下被动出现的混乱局面的机制；其二，这种"乱"体现了企业敢于竞争、敢于胜利、积极向上的精神状态，在规范运作条件下能够在工作思路和工作方法上打破平衡，超越自我，实现突破，使得企业效益进一步提高，规模进一步扩大。这对于企业而言是弥足珍贵的创新动力、活力源泉。

　　"治"和"乱"是对立统一、相生相伴的。在一个企业的良性发展过程中，"治"和"乱"这一剑的两刃不是仅有制约，而是把握得当就能互相促进。创新创业之后以规范运作巩固成绩，稳扎稳打，为更大发展创造条件，是"乱中求治"；在规范运作的保障和支持下，以创新活力开创工作新局面，谋求企业的更高效益、更大发展，这是"治中求乱"。之后，又形成新的规范，再实现新的突破，有效地结合与互动，最终实现企业的做大做强。

组织是一个复杂的、动态的多极互动链条。内部与外部、内部各子系统、外部各相关体系都是在交互式运动中前行或倒退。从来没有一成不变的合适的路线，总是在左与右、激进与保守、稳定与变革之间来回摆动，在尝试错误中不断修正航向。

▶▶ 管理创新比技术创新更重要

华为认为，作为一家技术型公司，技术重要，但管理更重要。企业管理的关键是面向市场做要素整合，把资金、技术、人才、市场、研发、生产制造、企业内外产业链等面向市场竞争的所有资源和要素有效整合起来，并在市场竞争中获胜，这是管理的价值，也是管理的目标。事实上，在整合前后，这些资源和要素本身并没有变化，很多企业也不缺资源和要素，但是有效整合的企业更容易成功。

在互联网时代，技术进步比较容易，而管理进步比较难，难就难在管理的变革，触及的都是人的利益，因此企业间的竞争，说到底就是管理的竞争。如果对方是持续不断的管理进步，而华为不改进，就必然衰亡。

　　成熟的管理，不要用随意创新去破坏。即使一代一代人都离开了，管理也会不断优化发展下去，在使用中不断严肃认真去完善它，这是无生命的管理，只会随时间的推移而越来越有水平。华为要保持流程相对稳定，对于一个正常的公司来说，频繁地变革，内外秩序就很难得到安定的保障和延续，变革必须围绕整体核心竞争力的提升或岗位工作全程效率的提升来考虑。

　　华为投入了世界上最大的力量去进行创新，但反对盲目的创新，反对为创新而创新，倡导有价值的创新。没有技术创新与管理体系的"傻投入"，就不会有真正的产品与市场的竞争力，就只能靠低价和打价格战，就没有利润空间。产品品质不好是耻辱，企业没利润可挣也是一种耻辱。从企业活下去的根本来看，企业要有利润，利润只能从客户那儿来，只能加大对客户价值创造能力的投入。而企业不盈利，对人才、技术和管理就不会有钱去投入。这是个简单的道理，华为"傻"才会按简单的道理去"傻投入、傻干"！华为坚持走技术创新的道路，关注知识产权；坚持战略聚焦，持续战略投入，不断实现战略突破。

▶▶ 给火车头加满油

　　华为前 20 年形成了大平台和总体机制，组织能流动，这么多人滚滚向前还能团结成一个整体，这是过去平衡导向的体系建设成果。在华为度过了饥荒阶段，开始向温饱阶段发展的时候，如果继续长期采用平衡政策，就会出现一堆懒人，导致惰怠。后 20 年的人力资源政策就是适当打破平衡，激活组织。

华为的奖金激励要更多向那些绩效优异的员工倾斜。差距是动力，没有温差就没有风，没有水位差就没有流水。给火车头加满油，让火车头使劲牵引，始终保持奋斗热情。

企业发展大了，一定会出现问题，关键的短板会首先暴露，会制约发展甚至带来致命影响，所以要把短板尽快补上；一个企业如果停止发展，安于现状，那就离死不远了，所以得突破发展，以自我批判的精神，以未来战略的眼光倒过来审视自己，主动找到须补强的方面进行调整变革，这是乱中求治。

华为在培养与评价人时，不要只重技能，比技能更重要的是意志力，比意志力更重要的是品德，比品德更重要的是胸襟。

每一次变革都是否定过去，都是痛苦的，都是一次蜕壳，但必须蜕变，才能持续成长。

华为成功进行了 IPD、ISC（集成供应链）、IFS（集成财务转型）、CRM（客户关系管理）、IT S&P（信息技术战略和规划）五大流程体系的深刻变革，建立了现代企业的先进管理体系，提高了运作的效率和效益，完成了"乱中求治"的任务。

▶▶ 保持干部队伍纯洁性

2012 年岁末，任正非写了一篇《力出一孔，利出一孔》的文章。规则在此，所有的人都朝着一个目标去努力，这叫"力出一孔"；企业大了，很多人开始损公肥私，在公司身上割肉，那企业肯定完蛋，因此还要"利出一孔"。华为搞 EMT（经营管理团队）宣言，就是强调高层不能以权谋私，不能在外面兼职，不能搞关联交易，利益必须来自华为公司本身。

大家都问华为离开任正非行不行，在我所接触过的企业里，华为真正打造了坚实的高管团队。

企业做大了以后，选高层干部一定要以德为先，因为高层干部掌握的资源太多，诱惑太大，必须自查自纠，每日三省吾身。利出多孔，肯定是大家都在割肉，不再进行价值判断，因为诱惑太大。

华为通过企业总体活力引擎、组织活力模型、个人活力模型构建企业活力的基本框架，组织基于业务战略远离平衡态，以客户为中心的客户需求创新与技术创新的使命是推动华为持续创新的源泉，克服组织五大黑洞的熵增；个体"开放、妥协、灰度"，一杯咖啡吸收宇宙能量，与世界充分交换能量，克服个体人性五大黑洞的熵增；通过管理的创新，"乱中求治，治中求乱"，给火车头加满油，保持干部队伍纯洁性（力出一孔、利出一孔），激发组织活力，让组织火力全开，保持旺盛的自然生长能力。

第6章

华为领导力 +

巫马期治理单父时，每天星星还高挂在天上时就出门工作，直到星星又高挂天上时才回家，事事都亲自办理，这样才把单父治理好。宓子贱治理单父时，每天弹琴取乐，悠然自在，很少走出公堂，却把单父治理得很好。巫马期向宓子贱询问他能够治理好单父的缘故。宓子贱说："我的办法是凭借众人的力量，你的办法是依靠自己的力量。依靠自己力量的当然劳苦，依靠众人力量的当然安逸。"

　　巫马期的勤奋弥补不了组织力的不足，宓子贱通过构建领导力与执行力，激活组织，发挥团队组织的作用，让组织变得强大，自己工作也相对轻松，只须掌控住关键事项。

　　华为人力资源管理究竟存在什么不足？从企业规模的角度来看，20个人的初创公司，就是怎么快怎么干。华为企业规模大了，必须依赖流程、制度与IT，否则难以有效运作。与信任或不信任没有太大关系，再信任人，个人也无法有效运转公司业务。

　　从管理学角度，永远都是"用人要疑，疑人要用"。一般来说，对事，基于简化流程与组织，建立规范制度与流程，实现"乱中求治"，外界环境带来业务流程变化是必然的，因此事乱是必然的，企业一直需要优化对事乱的治理；对人，基于领导力，激发人的创造能力与活力，实现"治中求乱"，内部自然发展带来人的创造力与活力下降是必然的，因此人乱是必然的，企业一直需要优化对人乱的治理。"乱中求治"主要对事，"治中求乱"主要对人。

　　信任或不信任都不是公司人力资源管理的底层逻辑，领导力与执行力的完整才是人力资源管理的底层逻辑。

▸▸ 管理的艺术与技术

　　管理的措施有义、情、理、利、法、德。结之于义，以义聚人；动之于情，以情感人；晓之于理，以理服人；诱之于利，以利诱人；施之于法，以法治人；示之于德，以德化人。

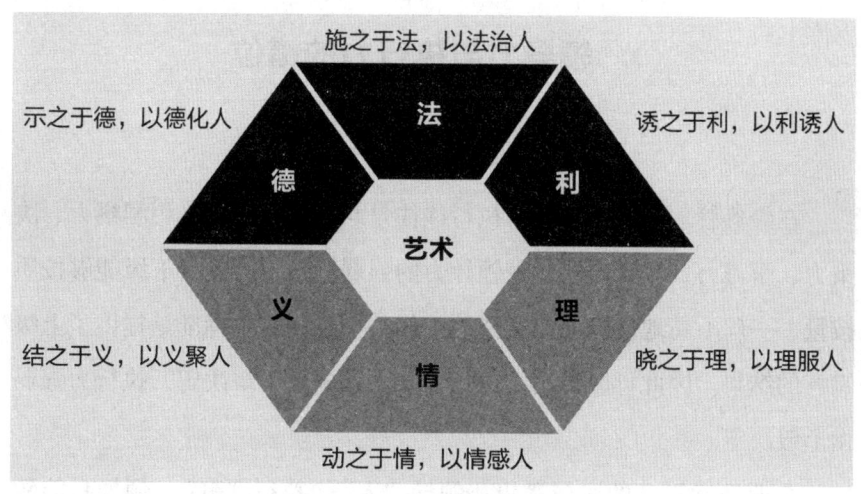

图 6-1　管理的艺术与技术

　　哪些是技术，哪些是艺术？有人说情、义、德是艺术，理、利、法是技术。你觉得呢？

　　事实上，这些单个方面都是技术，综合运用的过程就是艺术。比如，一个跟你干了很久的下属要离职，你肯定要用情或义来游说，也可能用利（加薪或升职）来挽留，甚至可能要用法来制约（离开公司两年之内不能为竞争对手工作），综合运用这些就是艺术。

　　开车是技术还是艺术？开车是艺术，基本不经过意识层的思考，主要靠潜意识在指挥。但学车是学技术，学车分为科目一、二、三、四，就是把开车的艺术分解为容易掌握的技术，便于新学员掌握基本要领，形成习惯，存入潜意识，在实际开车时，能够艺术地运用。

同样，画画是艺术。在学习过程中，学的是画画的技术。把学到的技术综合运用，完成艺术创作的过程就是艺术了。

▸▸ 领导力与执行力的错位

在经典管理学中，领导与执行往往是纠缠在一起的，用洞察力、决策力、学习力、教导力等代表领导力的强弱。执行力就是下级能够按质按量、一丝不苟地做好上级交待的工作，衡量的基本标准是提供了上级满意的结果。因此可以得出结论：领导力强弱由下级决定，执行力强弱由上级决定。

企业经营管理的底层逻辑：领导"人"，执行"事"。领导只能领导人、激励人，执行只能执行事、落地事。什么是领导力？领导 = 领 + 导，下级"领"，上级"导"，下级是演员，上级是导演，领导的是人。什么是执行力？执行 = 执 + 行，上级"执"，下级"行"，上级执控，下级行动。由此可以得出结论：上级的领导力强弱是由下级决定的，下级都牛，说明上级牛，上级自以为牛，而下级不牛，说明上级领导力弱；下级的执行力是由上级决定的，执行的效果好，说明上级执控得好，上级把目标定得清晰，任务分解合理，培训指导到位，激励措施得力，监控办法合理，这样才有下级好的行动。

领导力自下而上，执行力自上而下。下级在执行上级的决策时，把决策执行得非常到位，这是执行力；把下级的错误纠正了，得到了更好的结果，这是领导力，创造性地提出了更好的优化方案，也是领导力。自上而下的执行力（事）与自下而上的领导力（人）的完美结合，就是人力资源管理的底层逻辑。

▸ 自下而上的领导力

企业一系列行为的组合激励员工跟随领导去要去的地方，领导能力是把握组织的使命及动员人们围绕这个使命奋斗的一种能力。领导能力的基本原则是：领导力是怎样做人的艺术，而不是怎样做事的艺术，最后决定领导者能力的是个人的品质和个性。领导者是通过其所领导的员工的努力而成功的。领导者的基本任务是建立一个高度自觉的、高产出的工作团队。

领导力有哪些方式呢？我经过多年研究，发现领导力主要有三种方式：人治、法治、德治；德治激活"心"，法治激活"身"，人治激活"人"。

华为创业初期，靠人治，任正非身先士卒，与大家同吃同住，靠个人魅力，靠感情、激情与工作热情激发大家努力工作，带着大家"跟我冲"，公司野蛮生长。华为规模大了，靠身先士卒、靠感情已经支撑不了了，这时候就要增加法治了，通过制度与流程来激发团队，任正非站在队伍中间，激发大家"给我冲"，公司理性生长。华为规模更大了，靠法治也支撑不住了，需要增加德治，以企业文化来激发团队了，任正

非主要以智者的身份，站在队伍的末尾，审视组织的问题，推动大家
"你们冲"。

表6-1　老板领导力的三个阶段

事项	人治	法治	德治
价值说明	个人魅力	管理制度	企业文化
老板位置	跟我冲 10000	给我冲 00100	你们冲 00001
老板三阶段	以领为主	领与导兼顾	以导为主
团队三层次	做标杆 传帮带 建团队	立机制 搭模式 强执行	优基因 谋战略 筹未来

华为这样的巨型公司，应该法治、德治还是人治呢？事实上，三种
领导力缺一不可，从大框架来看：

★ **高层德治：**负责优化组织基因、谋划公司发展战略及筹划布局
公司未来。

★ **中层法治：**负责建立运作机制，搭建商业模式，强化推动执行。

★ **基层人治：**负责做组织标杆，"传帮带"提升组织能力，建设优
秀团队。

三种领导力在组织不同层次体现出来，共同构成组织的领导力。很
多人不理解任正非关于文化权、思想权是最大权力的说法，如果从领导
力的三个要素来看，就不难理解了。

文化权、思想权是最大的权力

任正非说，什么权力都可以下放，唯有思想权、文化权不能放。华为企业文化，可以说是本末一体、道术合一，浸透着任正非独一无二的意识和精神。在华为内部，任正非没有资源调配权，没有下达任务权，没有人事安排权，没有工资奖金分配权，他牢牢掌握在手上的，是思想权和文化权。企业规模小的时候，领导者要身先士卒（人治）；企业规模逐步增大，通过制度激励体系（法治）来领导企业；企业规模进一步扩大时，企业文化（德治）对于领导团队的重要性就越大。

要一个 18 万人之大的组织能够保持团结凝聚，仅凭法治和人治是远远不够的，德治也是必备的，或者越来越重要。华为的核心价值观与文化内核能根植人心是通过精神领袖的表率作用、各级管理者的身体力行、植入激励机制和各类流程中的价值观三个途径，实现企业文化的真正落地，实现人治、法治与德治的完美结合。

人治、法治、德治领导力是分布式的

表 6-2　分布式的领导力

职位	说明
集团军司令	对军长以人治为主，对其他下属以法治、德治为主
军长	对师长以人治为主，对其他下属以法治、德治为主
师长	对旅长以人治为主，对其他下属以法治、德治为主
旅长	对团长以人治为主，对其他下属以法治、德治为主
团长	对营长以人治为主，对其他下属以法治、德治为主
营长	对连长以人治为主，对其他下属以法治、德治为主
连长	对排长以人治为主，对其他下属以法治、德治为主
排长	对班长以人治为主，对战士以法治、德治为主
班长	以人治为主，跟我干，给组织温度

注：相邻的，对下以人治为主，给下属温度；超过一个层级，要用法治；超过两个层级，主要依靠德治

三种领导力的运用要领：

★ 班长，主要用人治（公司法治、德治已经非常明确）。

★ 总裁对公司副总裁用人治。

★ 相邻往下用人治，越过一级用法治，越过两级用德治。

★ 避免越过下级，对下级的下级用人治，下级的活就不好干了。

"员工因公司而来，因干部而走"，问题往往就出在干部对直接下属缺乏人治，缺乏温度，只有冰冷的法治和德治。相邻层级之间，用人治，才有温度，有亲和力、凝聚力，甚至在一定程度上可以弥补公司本身吸引人才能力的不足。

▸▸ 自上而下的执行力

什么是执行力？ 执行＝决＋执＋行，执行的是事。执行力是由三个行为决定的，首先是决策，其次是执控，最后是行动，三个行为的有效结合才构成完整的执行力。执行力好，关键是上级把目标定得清晰，任务分解合理，培训指导到位，激励措施得力，监控办法合理，这样才有下级好的行动。

目标定得清晰：做每项工作时，都先要有明确的工作目标，领导及员工都要做到"沟通要充分，决定要服从"。下级接到任务时，要做到服从目标、服从领导、服从变化，这是做好每项工作的前提条件。

任务分解合理：仅仅依靠目标是无法使员工有效地执行公司策略的，目标只是一个方向，而如何采取恰当的方式来达成目标，才是推动工作的重要手段。因为每个人的理解能力不一样，在做事的过程中会产生偏差，所以必须有规范的计划方案，才能使员工按照计划开展工作。同时，管理人员也要注意到口头沟通的方式是无法完全使目标落实到位的，也不便于跟踪管理，每个目标都要有明确的书面方案，才能规范员工执行过程中的行为。

培训指导到位：企业中通常存在一项工作如果没有领导过问，就不会有自觉落实的行为，领导布置工作一段时间后，还要跟踪下达的任务是否都完成了。内部运作效率低下，员工有依赖的思想。面对这种情况，要改善企业就必须从"靠领导推动工作"转向"靠流程管理工作"，首先要提炼目标工作的关键业务内容，明确每个流程的具体业务工作；其次要规定流程运作的时间，也就是每项工作要在什么时间内完成；最后还要保证每项目标任务在执行过程中信息畅通，以便于对结果的评估或是传递。同时，作为一线员工要注意的是，在接受任务时不要进行目标创新，前线将士不用怀疑领导的决策，要按照流程保质保量地完成交办的任务。

激励措施得力：考评的出发点在于营造一个公平的工作环境，让每个员工都得到公正的回报，所以在制定考核方法时，必须充分考虑各类员工的工作性质和环境的差异。同时，提高执行力也不能过分强调个人英雄主义而忽略团队的力量，要做到用团队的成长带动个人的成长，也要体现个人的成就促进团队的发展。例如：部门的成绩得到了肯定，部门所有人都应该享受奖励政策，而对于其中个人贡献突出的，应给予另外的奖励，这样才能树立标杆作用，从而带动集体执行力的提升。

监控办法合理：在管理过程中，监察工作的重要性是毋庸置疑的。

对执行过程缺乏跟踪与监控，任何人都可能偷懒，列宁也曾说过"信任固然好，监控更重要"。及时对执行结果进行反馈总结，是提高管理执行力的有效手段。如对一线员工进行日常监督和随机抽查，有出勤率、拜访客户计划完成率、终端生动化管理检查、公司政策传达到位检查等，这都能进一步促进执行力的提升。

决、执、行的关系：一个炒菜的人，是如何完成炒菜的呢？首先是大脑的决策指挥，其次是从身体、手臂到手掌执控锅铲，最后在大脑的指挥下执控锅铲在锅里炒菜，锅铲完成行动。

团队执行力的三个层次：决—执—行

表6-3　团队执行力的三个层次

事项	决	执	行
层次	高层	中层	基层
三心	事业心	责任心	企图心
三感	使命感	危机感	饥饿感
三事	做正确的事	把事做正确	正确地做事
三层	灵魂	精神	物质
职责	规划未来（决策） 赢取人心（思想） 配置资源（经营）	执行战略（能力） 影响团队（引力） 传承文化（张力）	要我做→我应做 我应做→我要做 我要做→我做好

从组织的三个层次看执行力，主要体现在以下方面：

高层"决"：高层决定"做正确的事"，规划未来、赢取人心、配置资源。

中层"执"：执行战略、影响团队、传承文化。

基层"行"：要我做变成我应做，变成我要做，变成我做好。

决—执—行也是分布式的

表 6-4 分布式的决、执、行

职位	说明							
集团军司令	决							
军长	执	决						
师长	行	执	决					
旅长		行	执	决				
团长			行	执	决			
营长				行	执	决		
连长					行	执	决	
排长						行	执	决
班长							行	执
战士								行

决、执、行分布式排列，才能紧密耦合，确保最终执行结果不偏离航道、不变形。

▶▶ 领导力与执行力的比较

人治、法治、德治都是领导力，自下而上，下级"领"，上级"导"。

决、执、行合起来才是执行力，自上而下，上级"执"，下级"行"。

表 6-5 领导力与执行力的比较

事项	领导力	执行力
主要方式	人治、法治、德治	决、执、行
好与坏评价	看下级牛不牛	看上级牛不牛
管理对象	管人	管事
方向	自下而上	自上而下

评价组织领导力好不好，看下级牛不牛，下级能够积极主动、自发有效开展工作，下级普遍牛才说明主管领导牛，有领导力；评价组织执行力好不好，看上级牛不牛，下级能够准确执行到位，说明主管领导在规划、辅导及督导三个执行环节做得好，有执行力。

自上而下的执行力（事）与自下而上的领导力（人）完美结合，形成竞争力，实现企业的商业成功。

▶▶ 华为领导力+：
强化人治，极端感性，让华为性感一些

任正非在感性和理性两个方面的特征都很明显，总体偏理性，研究"物"是高手，一旦把这种方法应用到对人的管理，就可以建立起具有超凡能力的组织力。华为在德治（管心）和法治（管身）两个方面都建立了绝对理性的管理体系，因此组织才有绝对的张力。

华为在德治（企业文化，管心）方面建立了绝对理性，以客户为中心、以奋斗者为本、长期艰苦奋斗、坚持自我批判及投降没有出路是极端灰度，是绝对理性。华为在法治（管理制度，管身）方面建立绝对理性，是自由雇佣制的人力资源体系；内部劳动力市场，实现内部选择；以经济利益作为主要竞争方式；公平竞争、注重责任结果和实际才干；正确的价值评价、合理的价值分配，知识资本化、职权化。华为与雇员是价值交换，不用感恩，是绝对理性。

华为在人治（人格魅力，管人）方面没有达到绝对感性，因此普遍

感受是对公司缺乏信任。其实不是信任问题，本质上是人治不到位。华为履行为全人类服务的承诺，立志"把数字世界带入每个人、每个家庭、每个组织，构建万物互联的智能世界"。

华为以为人类服务的理想前行。无论是在人迹罕至的高山、荒漠，还是在疾病流行、战火纷飞的地区……任何有人的地方都有华为的员工。任正非已是 75 岁高龄，但他依然每年有超过一半的时间泡在一线，或见客户，或见员工。"我若贪生怕死，何来让你们去英勇奋斗"让人动容。跑阿富汗、利比亚，战火纷飞；飞南美玻利维亚、巴拉圭、厄瓜多尔，行程 4 万公里；爬珠峰大本营，海拔 5200 米，爬冰卧雪。员工在哪里，他就在哪里！任正非承诺：只要我还飞得动，就会到艰苦地区来看你们，到战乱、瘟疫……地区来陪你们。任正非鼓励大家奋斗，自己也践行诺言。

任正非及华为高管层身体力行，并不能完全弥补华为人治的不足。什么原因妨碍了华为人治达到极端灰度，达到极致感性呢？华为属于三高（高压力、高绩效、高回报）企业，组织有效沟通的极致：内真外诚。对内，沟通要点：简单、直接、粗暴。简单必须直接，直接就是粗暴，目的是快速实现内部信息对称化，达成内真。对外，沟通要点：复杂、间接、委婉。复杂必须间接，间接就是委婉，目的是让客户对信息了解不对称，达成外诚。

内真就是内部不隐瞒问题，上下信息尽可能对称，左右信息不一定对称，提高效率，实现高效；外诚就是对外必须有包装，所有对客户的信息都尽可能不对称，形成品牌，产生溢价。内真外诚是组织内外高效、高质运转的关键。组织运作差的，往往是反过来：内诚外真，即内部充满谎言，没效率；外部对公司了如指掌，如同没穿裤子一般，何谈品牌，如何产生高溢价？

在坚持德治和法治绝对理性的前提下，华为只有强化各个层级之间的人治与温情，才能从根本上改善华为人治的感性，这样感性才能站在极端灰度的另一端，实现华为领导力＋，增强组织温暖感和信任感，增强组织活力的张力。

▶ 让基层有"饥饿感"、中层有"危机感"、高层有"使命感"

让基层有"饥饿感"就是要让员工有企图心

什么是企图心？就是让基层员工有对奖金的渴望、对股票的渴望、对晋级的渴望、对成功的渴望。（任正非语）

华为在招聘新员工的时候，特别关注员工的成长背景，尤其钟爱出身寒门的学生。任正非曾明确要求人力资源部门多招聘经济不发达省份的学生，他认为家庭困难的学生对改善自己的生存现状有强烈的渴望，这种渴望将会激发基层员工艰苦奋斗的精神。

华为很少招聘在大城市长大、家境富裕、衣食无忧、养尊处优的毕业生，他们往往个性自由、散漫、富于幻想、吃不了苦、受不了委屈、顶不住压力，即使加入了华为，也并不一定能深刻理解、接受和践行华为艰苦奋斗的文化。

华为从不掩饰、毫不讳言"饥饿感"的氛围导向，任正非就曾在华为员工大会上问大家："2000 年后华为最大的问题是什么？"大家回答："不知道。"任正非告诉大家："是钱多得不知道如何花。你们家买房子的时候，客厅可以小一点、卧室可以小一点，但是阳台一定要大一点，还要买一个大耙子，天气好的时候，别忘了经常在阳台上晒钱，否则你的钱就全发霉了。"

反观国内一些企业，老板经常对员工大讲特讲企业愿景、使命、情怀、梦想，先富起来的老板们用所谓的价值观来要求员工"存天理，灭人欲"，罔顾基层员工现实的利益诉求，蔑视基层员工合理的人性关怀，满嘴的仁义道德，不过是自己敛财愚民的说辞而已。

深谙人性的任正非却认为，对于组织的金字塔底部的大量基层员工来说，"按劳取酬，多劳多得"是最现实的工作动机。"存天理，顺人欲"，华为的价值设计充分遵循了这一规律。"饥饿感"构成了基层员工的"狼性"精神，舍此，任何高调宣传都是虚妄的。

让中层有"危机感"就是要让中层有责任心

什么是责任心？就是以实现公司目标为中心、为导向，对工作高度投入，追求不懈改进，去向周边提供更多更好的服务。（任正非语）

在华为，作为中层管理者，如果凝聚不了队伍，完不成任务，斗志衰退，或自私自利，对不起，你将很快被挪窝、被降职；但经过一段时间，你改变了，工作激情提升了，各方面考察合格了，你也可能重新得到提拔。

任正非从历史发展规律中深刻认识到，一个组织太平时间越长，危机意识越弱，生存能力就越差，最后一定会走向寂灭、死亡。因此才会有华为 1997 年的"市场部集体大辞职"事件，以及 2007 年的

"7000 名干部集体大辞职"事件。虽然外界对于"华为大辞职"褒贬不一，但任正非向中层干部的太平意识宣战，营造"危机感"的决心从没改变过。

华为对管理者实行严格的强制比例淘汰机制，每年至少有 10% 的管理者要下课，转为普通员工。掉队的管理者将进入公司干部后备队学习营，脱产进行再学习和改造。三个月后，如果考试不合格，或者没有部门录用，工资将降低 20%，并继续脱产学习，如果仍然不合格，工资将再次降低。华为管理干部的平均年龄每年必须下降，大批优秀的年轻人得到提拔，本以为可以躺在功劳簿上睡大觉的管理干部丝毫不敢懈怠，否则，就会被后浪打到沙滩上，淘汰出局。

华为还通过述职、业绩排名、岗位轮换、荣誉奖励、关键黑事件就地免职等机制传递压力给中层管理者，始终让小富即安的中层觉得危机四伏、诚惶诚恐，唯有如此，才能克服人的惰性，驱动中层持续奋斗。

让高层有"使命感"就是要让高层干部有事业心

什么是使命感？任正非用非常朴素的语言描述为："有钱也干，没钱也干，我就是爱干这活。"

在华为，高层干部薪水相对要高，每年分红也要多一些，财富对他们来说仅具有符号意义。这批人是少数，对他们不能以物质利益为驱动力，而必须有强烈的事业心、使命感。他们是一群已经完成了物质"原始积累"的精英团队，推动他们每日奋斗的是一种精神，一种源自本能的对事业的热爱和激情，别无其他。

通过评定公司"蓝血十杰"来追认有历史贡献和使命感的干部，通过评定"明日之星"来牵引未来涌现更多有使命感的干部。国内多数企业的做法恰恰与华为相反，他们总是利诱高层，机关算尽地设计各种金手铐、金饭碗、金降落伞来捆绑高层，最后也往往因为"分赃不均"而对簿公堂。

管理学大师德鲁克基于企业特有的人、组织、分工的原理，预见未来企业规模持续扩大的趋势，提出有别于传统管理学的三大任务之一——"确保工作富有生产力，并且使员工有所成就，产生效益"，将是未来企业组织运作面临的最大挑战。

华为管理如此庞大的商业组织，面对复杂的市场环境，还能让"大象也跳舞"，在中国历史上未曾有过。如何破解中国企业一大就失去活力、僵化、官僚的宿命？华为基于人性的、现实的、简单的管理实践，无疑为众多中国企业树立了可借鉴的成功典范。

任正非：三把大刀砍出华为

提到华为的团队合作，很多人都会用狼性来形容华为团队协作的精神。

"胜则举杯相庆，败则拼死相救"，团队合作是华为核心价值观的重要体现。华为的团队奋斗精神是如何打造的？

要知道，华为员工都是高级知识分子，都是聪明人。如何让一群聪明人围绕既定目标相互包容、相互信任、相互协作，而不是相互猜忌、相互计较、相互拉扯，这需要头狼（任正非）有卓越的领导能力。

砍掉高层的手和脚。任正非强调要砍掉高级干部的手和脚，只留下脑袋用来仰望星空、洞察市场、规划战略、运筹帷幄。高层干部不能习惯性地扎到事务性的工作中去，关键是要指挥好团队作战，而不是自己卷着袖子和裤脚，下地埋头干活。

任正非要砍掉高层的手和脚，就是要他们头脑勤快，而不要用手脚的勤快掩盖思想上的懒惰。高层干部就是要确保公司做正确的事情，要保证进攻的方向是对的，要确保进攻的节奏是稳妥的，要协调好作战的资源是最优的。

砍掉中层的屁股。华为公司中层干部承上启下，至关重要。任正非曾经大声疾呼，华为公司要强大，必须要强腰壮腿。中层就是"腰"，基层就是腿，腰是中枢。砍掉中层干部的屁股，在华为有三层含义：

首先，砍掉中层干部的屁股，就是要打破部门本位主义，不能屁股决定脑袋。每个中层干部不能各人自扫门前雪，只从本部门利益出发开展工作。坚决反对不考虑全局利益的局部优化，反对没有全局观的干部主持工作。

其次，砍掉中层干部的屁股，就是要中层干部走出办公室。下现场和市场，实行走动管理，答案在现场，现场有"神灵"。中层干部不能坐在办公室里面打打电话、听听汇报、看看"奏折"，而要将指挥所建在听得见炮声的地方，要亲赴一线指挥作战。任正非也经常下一线体察下情，巡回督战。

最后，砍掉中层干部的屁股，就是要让干部的眼睛盯着客户和市场。屁股对着老板，而不是眼睛盯着老板，揣摩"圣意"，屁股对着客户，不理不睬。华为的核心价值观就是始终坚持以客户为中心，快速响应客户需求。凡是屁股对着客户的干部，要坚决砍掉他的屁股，让他下台。

砍掉基层员工的脑袋。华为公司的员工都是高级"秀才"，如何把这些清高的"秀才"改造成能征善战的"兵"？任正非可是煞费苦心，在各种场合强调要服从组织纪律，建设流程化组织，建立业务规则。基层员工，不管你是硕士，还是博士，必须遵守公司的流程制度和规则。

他在致新员工的一封信中明确指出，华为反对基层员工下车伊始"哇啦哇啦"，不了解情况，就给公司写个万言书，对公司发展激昂陈词，指点江山。基层员工必须按照流程要求，把事情简单高效地做正确，不需要自作主张，随性发挥，因此要砍掉他们的脑袋。

华为通过压力无依赖地建立了非常强悍的执行力。华为在德治和法治方面的绝对理性也构建了领导力的两个极端灰度，如果在人治方面强化，做得比较感性，就会构建起华为领导力的三个极端灰度点，进一步强化华为的领导力，华为人力资源管理2.0所面对的困惑就会迎刃而解。

第 7 章

华为软实力 ＋

苹果手机在全球畅行无阻，为什么？因为美国软实力强大，谁敢阻拦美国产品，就会受到美国制裁。从产业角度来看，华为手机在美国销售，主要受到苹果和三星背后的产业资本和金融资本方阻挠；华为系统设备在美国销售，将受到思科、IBM、HP、爱立信、诺基亚、三星等一系列巨头背后的产业资本和金融资本方阻挠。华为进入美国并非易事。

　　世界的本质是利益，华为要成功开拓美国市场，需要勇气、智慧，更需要与美国产业资本方和金融资本方建立价值共享体系。

▶▶ 华为海外进攻战略

在我看来，战争大体有三种战略：克劳塞维茨（1780—1831，《战争论》），直接路线；李德·哈特（1895—1970，《战略论》），间接路线；朱可夫元帅（1896—1974），大迁回战略。

华为海外市场拓展也采用了这三种战略：运营商与消费者业务（直接路线），华为的品牌产品销售；企业业务（间接路线），主要是自主品牌产品，曾经采用 OEM 方式合作（3Com/NEC/Siemens）；北美市场（大迁回战略），曾经通过 OEM 方式合作（Nortel/Motorola）。除直接路线取得巨大成功外，间接路线和大迁回战略都没有取得预期的成功。

▶▶ 华为开拓美国市场

2008 年，华为联手贝恩资本收购 3Com，但以失败告终；2010 年，华为竞购摩托罗拉无线网络设备业务受阻；2010 年，华为参与 Sprint 招标进军美国，但因被扣上安全问题的帽子而受阻；2011 年，华为试图收购美国一家服务器技术企业 3Leaf，审查机构要求华为必须放弃，否则将向总统奥巴马建议下令解除此项收购，可见美方对华为的警惕性有多高，成见有多深。

2002 年，华为正式进军美国。2018 年 3 月，"出于国家安全考虑"，在华为与几大巨头达成合作前夕，均被迫终止，如美国国会议员敦促美国第二大移动运营商 AT&T 终止与华为的一切商业往来，美国电子产品零售商百思买（Best Buy）停止销售华为智能手机。

Verizon 是美国最大的无线通信公司，它和 AT&T 相当于中国的移动、联通。2018 年 CES① 第一天，外媒彭博社称华为手机未能与 AT&T 达成合作协议。之后就有媒体曝光了"美国 18 名国会议员联名致信联邦通信委员会（FCC）主席艾吉特·帕伊（Ajit Pai）"的邮件，其主要内容是，要求 FCC 对华为与美国运营商的合作展开调查，媒体认为是该邮件导致双方合作流产。

与通信运营商合作，是中国手机进入美国市场的关键一步，因为在美国，手机一般都是通信运营商来销售。美国的"移动""联通"全面放弃销售华为手机的计划，华为进军全球的道路就似乎蒙上了一层阴影。

令人大跌眼镜的是，AT&T 在发布会的前一天，突然单方面叫停，取消合作，华为就这么被放了鸽子。美方出尔反尔，在最后一刻反悔，令华为多年的艰难谈判付诸东流，令巨额的投资打了水漂。余承东在第一时间表达了自己的委屈与不满：合作究竟为什么突然被叫停？

如果说美国禁止政府采购中国通信等设备，是出于国家安全考虑，这还说得过去。但现在，美国是在阻止华为进入美国民间市场，侵犯美国人民的自由消费权利和选择权利。这种行为与美国政府一贯强调的人权价值观是格格不入的。

根据 IDC（国际数据中心）的数据显示，2017 年，华为在全球智能手机市场约占 10% 的份额，仅次于三星和苹果。而在美国市场，三星、苹果始终保持着 70% 以上的高端市场份额。曾有数据显示，美国

---

① CES：International Consumer Electronics Show 的缩写，即国际消费类电子产品展览会。

市场的智能手机出货量占全世界的 9%，但利润占全世界的 50%。华为目前已经在欧洲经营得不错，但美国是一个绕不过去的坎，也是华为做梦都想攻克下来的市场。华为曾经立下 5 年赶超苹果、三星的计划，如果没有美国市场，华为的战略目标可能很大程度上会受阻。总的来说，华为需要的不仅仅是在核心关键技术节点上做到领先，还需要补上应对美国市场的国际化的平衡公关之术与政治智慧。

华为在回应中进一步指出，目前华为在美国通过多家领先的零售商销售产品，在美国销售的产品不仅达到了安全、隐私和工程等方面的业界最高标准，也通过了 FCC 的认证。

截至 2018 年 3 月，全球 TOP 50 运营商中的 46 家在销售和使用华为产品，170 多个国家和地区的企业用户和消费者也都在放心地使用华为产品。华为同样希望能够获得美国消费者的信任，并为他们提供便捷的购买服务。

新华社 2018 年 2 月 7 日的报道《美国一再"封杀"中国企业，谈何"公平贸易"？》指出，一边是中国市场欢迎苹果手机在华销售，一边是美国市场禁止华为手机赴美销售；同样是销售手机，一个是装有"美国芯"的苹果手机可以进入中国千家万户，一个是装有"中国芯"的华为手机却不能越过美国雷池半步。

▶▶ 三星为什么可以进入美国市场

从三星电子的股权结构中可以看到：主要股东和相关利益者占股

15%，国内机构 14%，国内私人 3%，库存股 12%，外资 56%。仅从普通股来看，三星电子已经被外资掌控了；在享有利润分配的优先股上，三星电子的 80% 被外资控制了，丰厚的利润被外资获得。

三星电子的股份 56% 是外资，其实大部分是美资，美国华尔街金融资本在控股三星电子，比如花旗银行、摩根士丹利等美国大财团。三星电子的发展得益于韩国人的智慧和勤奋，但是与三星电子背后的美国资本的扶持也密不可分。

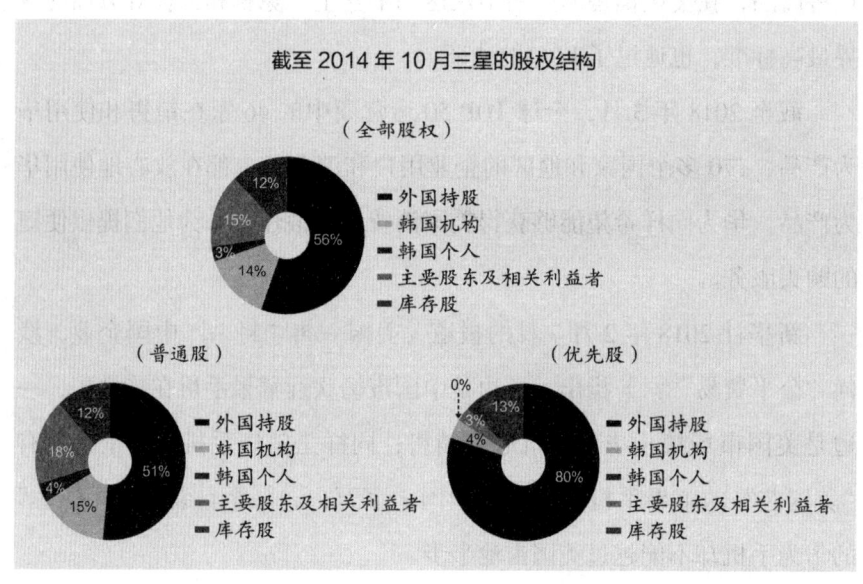

图 7-1　三星电子的股权结构

以色列和韩国都是美国资本重点扶持的国家，因为以色列和韩国担负着美国全球霸权的支点的责任。美国为了维系支点对美国的忠诚，必须在资本、技术和市场上倾力扶持。很多后发国家与韩国、以色列的最大差异就是因为它们不是美国的盟友，所以它们很难跳脱中等收入陷阱；而韩国、以色列可以的根本原因就是它们是美国的盟友，美国给予韩国和以色列的援助是其他后发国家难以企及的。

三星电子和苹果公司的竞争反映了其背后美国金融资本和工业资本之间的博弈，三星电子背后有美国金融资本撑腰，当然三星电子也得益于美国工业资本的全球分工战略。

▶▶ 华为精神：屡战屡败，屡败屡战

当理想已经被现实磨平了的时候，当现实带来的是一次次打击的时候，华为还有没有再战的勇气？屡战屡败，这是不停地在战，也在不停地败。这肯定是没有总结上一次的经验教训，可以说是只有辛劳，没有成绩的。而屡败屡战，则是在失败之后经过反思和总结，再次出战。这不仅有辛劳，还有功劳。

屡战屡败、屡败屡战不仅是两个词语，还是一个心理发展的历程，反映了对待失败的两种截然相反的人生态度。屡战屡败反映的是心灰意冷、意志消沉的悲观情绪，屡败屡战则反映的是毫不气馁、百折不挠的顽强意志。人生的道路不可能是一帆风顺的，总会遇到各种坎坷。要干成一番事业，难免会遇到挫折和失败。关键在于遇到困难、遭受挫折和失败后的态度，态度决定一切。屡败屡战，显示出来的不仅是一种态度，更是一种勇气。不要怕失败，怕的是在失败后没有了上战场的勇气。要不屈不挠、愈挫愈勇、锲而不舍，才能拥有成功。

每个企业总是带有其创始人深深的烙印。如果用一种性格特征来描述华为，任正非所说的"屡战屡败，屡败屡战"是最合适的。

华为可以为"冬天"找到各种原因，比如，国内市场轰轰烈烈的电信业重组，全球 IT 泡沫破灭导致投资收缩。但最关键的，仍然是华为的技术战略。华为没有像国内竞争者那样押宝小灵通和 CDMA，而是选择了 GSM 和 WCDMA 这种欧洲技术体系，导致自己错过了 20 世纪末至 2004 年国内市场最大的盛宴。

当然，任何成功都没有侥幸。华为 2003 年的收获得益于长期的技术和管理积累。时光回溯到 1995 年，华为结束了以代理销售为主要盈利模式的创业期，进入了高速发展阶段。而管理能力，逐渐成为华为发展的瓶颈。1995 年，华为开始酝酿《华为基本法》。《华为基本法》的第一条最好地诠释了华为的生存之道："通过无依赖的市场压力传递，使内部机制永远处于激活状态。"此后，华为相继从 IBM 引入 IPD、ISC 等多种管理体系。

1995 年，华为成立北京研发中心，开始了对数通领域长达数年的攻坚。2003 年，华为与思科对簿公堂，最终双方达成和解，还与美国 3Com 成立了合资公司华三，这对于华为开拓海外市场是一个重大契机。从这起事件开始，国际电信业开始真正审视并重视华为这个来自中国的通信企业。

中国神话故事反映了中华民族的特征。钻木取火，火是人们坚持不懈摩擦出来的；大禹治水，战胜了洪水，与灾难做斗争；愚公移山，与子孙一起移山；夸父追日，去追太阳，想把太阳摘下来；后羿射日，因为太阳太热，把太阳射下来了；精卫填海，精卫溺水，化作一只鸟复仇，想把海填平。

我们的祖先用这样的神话故事告诉我们：可以输，但不能屈服。中国人听着这样的神话故事长大，勇于抗争的精神已经成为遗传基因，会像祖先一样坚强。这就是中国人倔强的不服输精神屹立至今不倒的原因。

每个国家的神话都有不同的特点，但你见过哪个国家的神话里有我们这么多战天斗地的抗争故事吗？老子的"天地不仁，以万物为刍狗"，说的就是要生存就得靠自己，不能靠苍天。这比"神爱世人"听起来残酷，但非常现实。我们从小听到大，并口口相传给下一代的这些神话故事，绝不仅仅是故事那么简单。

很多文明在初期都是有神论，但唯独中国的不是。也许中国人的祖先早就在战天斗地中认清了现实，所以不把生存的希望寄托于神的眷顾。也因此，很多人说中国人没有信仰。试问，没信仰的文明能存续 5000 年吗？

实际上，勇于抗争，不怕输，更不会服输，是中国的民族精神，也是中国人的信仰。

▶ 华为软实力＋：
世界的本质是利益，如何构建利益体系

在美国，政府、通信运营商、通信设备制造商之间的关系盘根错节，利益捆绑极深，一时之间难以由外力打破，政府对运营商的影响力与掌控力极大。苹果、高通与 AT&T 的股东，甚至与三星在美国的股东有着高度的重合。对于华为的进入，它们的立场是一致的，因为无论是苹果、高通还是三星赚钱，这三家的股东均能从其中分利，平时打得你死我活，但股东们不会撕破脸，因为肉终归在锅里。

从产业角度来看，华为手机在美国销售，主要受到苹果和三星背后的产业资本和金融资本方阻挠；华为系统设备在美国销售，将受到思科、IBM、HP、爱立信、诺基亚、三星等一系列巨头背后的产业资本和金融资本方阻挠。

首先，培育自身的PR[①]与游说团队，疏通美国政经层面的关系，这其实是重中之重。游说就是美国式的拉关系、走后门。美国政界、商界、智库人士事实上频繁互换角色，而角色互换依赖的是人脉关系和利益交换，从联邦政府到各级地方政府。所有中国公司在美国做PR都相当困难，华为未来应该至少学会如何以政经层面的PR智慧来避免美国各界强加的无数黑锅。

其次，继续强化自身在产业链上游的核心竞争力，如果在某项关键核心技术上能卡住硅谷巨头的咽喉，那么对方可能会主动来寻求合作，而不是排斥。

最后，加强自身的全球公关实力，以更为开放的姿态去寻求与硅谷巨头的合作、对话与理解，注重与美国供应商组织、消费团体的沟通，与之形成利益捆绑，让其与美国国内政治博弈，打破部分利益集团的利益均势格局，再寻求美国主流价值观层面的认同。

华为在全球运营商市场，以价格战为核心的终端驱动一直是成功的法宝，但目前正在成为其继续强大的巨大障碍。在美国市场的三大驱动中，以消费者或运营商为价值诉求的华为"终端驱动"已经证明失效，正面"政策驱动"已经不太可能，唯有"价值链驱动"这一条路可以走了。

华为如何实现价值链驱动，与美国金融资本或产业资本方建立利益

---

① PR：Public Relationship 的缩写，即公共关系，简称公关。

共享体系？有以下几种可以考虑的途径：

★ 一、资本合作。Futurewei^①让美国金融资本或产业资本参股或享受到最大的财务利益分配，但经营权由华为掌控，在美国可以以 Futurewei 品牌销售。

★ 二、运营托管。完全由美国资本控制 Futurewei，但运营管理权无限期托管给华为，由华为实际运作与经营。

★ 三、学三星电子，在美国上市，与美国金融资本分享利益，用金融资本的力量对抗产业资本的力量。

建立 PR 与游说团队，从宏观上营造有利的竞争环境；提升产业链上游技术实力，吸引美国产业主动合作；建立与美国金融资本或产业资本价值共享的机制，是华为成功进入美国的根本保证。

① 华为的美国子公司。

第 8 章

华为战略 +

IBM 为什么连续 6 年营收及利润下降？根本原因是谷歌、亚马逊、BAT 因自身的需要，开发了庞大的廉价云计算系统，用最便宜的服务器、存储及数据库构建了更加可靠的开放系统，全世界的大系统都在去 IOE（IBM、Oracle、EMC，即国际商业机器公司、甲骨文、易安信三家公司），因此，IBM 的封闭架构、高昂的大小机失去了竞争力，失去了昂贵服务器硬件的支撑，IBM 昂贵的软件与服务就失去了依托。美国的 IT 系统设备企业 HP、Oracle、思科等都基本如此。云计算的开放系统所需的硬件系统，中国企业竞争力最强，纵有郭士纳重掌 IBM 也无济于事，技术及竞争环境的变化力挫了 IBM。IBM 以 340 亿美元收购开源企业 Red Hat（红帽），看能否给 IBM 带来转机。

诺基亚为什么断崖式坠落？诺基亚的渠道、营销、组织、制度、文化都很强大，根本原因在于产品出了问题。手机这种终端产品本来有用户使用习惯的问题，正常情况下，用户都延用。但诺基亚在战略选择上出了大问题，在技术趋势不明朗的情况下，自作聪明选用了塞班，后又选择微软 WP，折腾掉最后一口气。华为开始做手机时，基础比诺基亚差得多，为什么没出现战略失误呢？在手机操作系统方向不明朗时，先采用强压原则，华为做了 3 种操作系统：安卓系统、微软 WP 系统、自己的麒麟系统。方向不明时都在做。发现安卓成为主流后，采用压强原则，饱和攻击，主力部队压在安卓上，即采用河道战略。对大企业造成威胁的不是投资成本增加，而是产品方向错了，2～3 年过去了，企业跌入深渊，输不起的是时间成本。因此，在技术路线不明朗的情况下，大企业的战略原则是不选择，先强压，再压强，才能逃离不连续性发展陷阱。诺基亚死于压强战略，即战略做错了选择。

未来二三十年，人类将进入智能社会。面对新的时代，华为致力于把数字世界带入每个人、每个家庭、每个组织，构建万物互联的智能世界。这既是激发华为不懈奋斗的远大愿景，也是华为所肩负的神圣使命。华为要成为智能社会的使能者和推动者，这将是一个持久的、充满挑战的过程，也是华为的长期机会。

▶▶ 运营商业务进入平衡态

我预估华为在运营商的极限销售额是 700 亿美元左右，华为运营商业务失去了高速发展的空间，进入相对停滞与慢速发展阶段，原因有以下四个：

其一，全球市场运营商网络布局基本完成，经过华为 20 年的努力，全世界能建网的国家或地区，基本都覆盖了，整张网完全新建变得越来越少。也可以说，全球运营商基础网络大规模建设的高潮已经过去。今后因 5G、6G 等的发展，带动连接全世界，带动运营商管道流量大幅增加，会产生大量的升级需求，但这有个过程。

其二，运营商建网模式转型，当然也就不会给华为带来更大的价值，NFV（网络功能虚拟化）/SDN（软件定义网络）更加速硬件设备的贬值，如同云计算对 IBM 的致命影响一样。IBM 的利润下降了 6 年，从目前来看，没有人可以拯救 IBM，即使郭士纳重新执掌 IBM，也无济于事，IBM 收购 Red Hat 带来的影响有待观察。运营商建网模式的转变对华为的影响迟早会到来，华为如何有效应对，探索出有利于华为竞争的模式是关键。但硬件去价值化的大趋势是无法逆转的。

其三，华为的管道价值假设是错误的。消费者为 4G 支付的费用并不比 3G 多，为 3G 支付的费用也不比 2G 多，为什么为 5G、6G、7G 等支付的费用会超过 4G 呢？即使是视频流撑大了管道，但运营商增量难增收，甚至增量还会降低收入。运营商管道服务价值不增加，建网模式转型导致硬件去价值化，因此华为管道战略的价值不会线性放大。即使管道被视频流撑得像太平洋那么粗，管道的价值也不会显著增加，而且可能还弥补了建网模式改变和运营商大规模基础建设完成带来的负面影响。

其四，在北美区域市场没有实质性进展。华为在北美市场苦心经营了十几年，但并没有取得实质性进展，华为发展需要的可参与增量空间受限。

华为在运营商业务上，耗散结构减弱，进入相对平衡态，必须在业务战略、北美区域战略、精细化深耕战略等方面做出调整，特别是业务战略，需要主动出击，建立面向未来的耗散结构，让华为远离平衡态。

▶ 定位战略的得与失

曾经有朋友迷信定位战略，我认为定位战略有适用的大体阶段：公司规模小时，资源少，必须聚焦，压强突破，品牌定位＝业务定位，二合一。

华为的定位是什么？很多人会认为是手机，其实华为的主要业务是电信设备，另外还有企业业务，可以认为：华为是一个没有定位的企业，品牌定位与业务定位不一致。定位是品牌的需要，而不是业务的需要，即企业在某个阶段，要突出某个拳头业务来拉动整体品牌。

苹果、谷歌、微软的定位是什么？阿里巴巴、腾讯的定位是什么？你会发现：这些大规模高速成长的公司，都没有定位，都是围绕公司的核心点在做纵向或横向延伸。

格力的定位是空调，转做手机所需的改变用户心理的成本不知有多大，甚至难以逾越。加多宝的定位是凉茶，现在凉茶产品接受度整体衰退，加多宝业绩下滑，转做别的业务，难不难？

　　小公司没有定位，就无法突破；大公司有了定位，就难以开展新业务。简单地说：小公司成功于定位，大公司死于定位。

　　如果你的公司是小公司，最好从新品类定位上突破；如果你的公司是大公司，要宽泛或模糊你的定位，综合考虑主导业务、培育业务、未来业务，阶段性地定位，模糊业务定位，让企业成为与时俱进的企业。永续长存、百年长青的企业，可能后来的主业务与初期业务毫不相干。

　　这是定位之定位。

▶▶ 华为与联想的差距就是手机业务

表 8-1　华为近 6 年的销售情况（2018 年为笔者预计，单位为亿元人民币）

时间	合计	消费者BG	总体增加值	消费者增加值	消费者占比	消费者增加值占比
2013	2390	614	188	106	26%	56%
2014	2882	805	492	191	28%	39%
2015	3950	1353	1068	548	34%	51%
2016	5216	1882	1266	529	36%	42%
2017	6036	2310	820	428	38%	52%
2018	7000	3200	964	890	46%	92%

　　从上述数据可以看出，华为如果没有手机业务，就会成为一家平凡公司，华为的成功在于抓住了第二次战略机会。企业业务基础小，行业特点决定爆发困难，短时间难以承担起华为高速发展的重任。

　　与华为相比，联想的平凡正是由于没有抓住手机战略机会，仍然严重依赖 PC，而 PC 行业进入平衡态，联想发展失速。仅从发展规模来看，华为与联想的差距只有一个手机业务。

▸▸ 寻找与培育下一个战略机会，壮大华为

2018 年，华为销售额高达 7212 亿元人民币，华为现有业务的参与空间也正面临平衡态，需要寻找下一个主航道壮大华为，让华为远离平衡态。

第一个主航道　　　　　第二个主航道　　　　第三个主航道

运营商 → 手机 → ?

程控交换机→光传输→无线　　　　　　　　　规模足够撑大华为

图 8-1　华为的主航道

以手机为代表的消费者业务实际上开辟了有别于 2B 业务的消费品牌，但是限于现有业务形态和在北美市场没有实质性突破，华为 5 年后将进入平庸状态。

▸▸ 软件定义世界：
企业边界更模糊，从全产业链寻找战略机会

软件定义世界，让基础通信、互联网服务、产业互联网的边界越来越模糊。

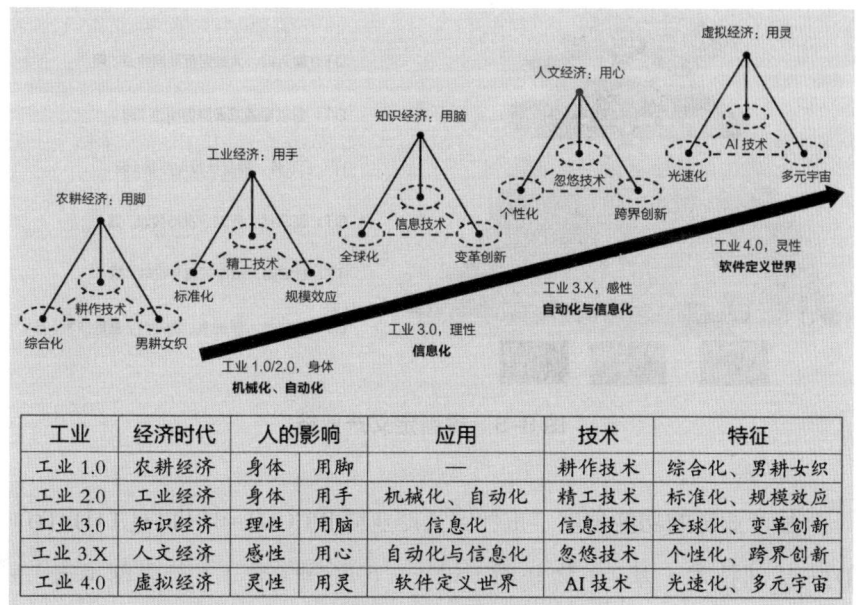

图 8-2　工业化进程

工业 4.0，人类进入万物互联的智能时代，软件定义世界，以人工智能为代表的新技术将会得到广泛应用。

▶▶ 重新定义产业链：从 ICT 到 BICODT

华为将行业定义为 ICT，其实无法清楚表达华为的战略，也无法观察竞争对手的战略变化。我经过多年研究，发现将产业链定义为 BICODT 更为贴切，可以非常清晰地观察华为的变化及未来走向，也可以有效观察对手的战略变化。

DT: 软入口，大数据互联网企业 / 用

OT: 管道服务或云服务提供 / 运

IT: 云联网，数据计算与存储 / 云

CT: 互联网，数据分发与传送 / 管

TT: 物联网，数据采集与接收 / 端

BT: 新材料、新技术、新芯片 / 基础技术 / 基

图 8-3 重新定义产业链

从产业链的功能角度，重新定义产业链 BICODT=BT+TT+CT+IT+OT+DT= 基础技术（基）+ 物联网（端）+ 互联网（管）+ 云联网（云）+ 基础设施服务（运）+ 大数据服务（用）。

软件定义世界让 BICODT 的边界模糊，用 BICODT 定义行业，可以非常清晰地看到行业内企业的现状及今后可能的变化趋势，用 ICT 已经无法辨析企业的业务战略。

表 8-2 行业内各公司现状

类型	公司	目前业务	说明
全产业链	华为	BICOT	还缺 DT
DT/OT	谷歌	ICOT	
	阿里巴巴	BIODT	估计阿里巴巴一年内推出 CT，补齐产业链
	腾讯	IODT	腾讯延时到全产业链
	百度	BICDT	百度已经有 CT
CT	爱立信	BICT	
	中兴	BICT	
IT	IBM	BIT	
	思科	BICT	
	H3C	BICOT	
TT	苹果	BODT	
	三星	BICOT	
	小米	BODT	
BT	高通	B	

从 BICODT 的角度，可以很清楚地看到行业内玩家的现状及未来业务战略趋势。

BICODT 全产业链细分为基、端、管、云、运、用。

表 8-3　全产业链业务

产业分类	业务类型	业务描述
DT/ 用 Data T	平台应用	搜索、电商、社交、游戏……
	内容	视频、小说、音乐……
OT/ 运 Operation T	云服务	IaaS/PaaS/SaaS
	管道租用	线路、电话……
IT/ 云 Information T	云联网	数据"计算与存储" 服务器、存储、网络及配套
CT/ 管 Communication T	互联网	数据"分发与传送" 固网、无线、软件及配套
TT/ 端 Terminal T	物联网	数据"采集与接收" PC、手机、平板、智能家居、汽车、摄像头、传感器……
BT/ 基 Base T	基础技术	新材料、新技术、新芯片……

注：端 =（硬入口）手机 + 电脑 + 可穿戴设备 + 智能家居 + 汽车 + 监控 + 智造 + 人工智能 + 虚拟现实 +……
DT=（软入口）搜索 + 电商 + 社交 + 阅读 + 地图 +……

▶▶ 软件定义世界对行业的影响

表 8-4　各产业链趋势

产业分类	业务类型	说明	趋势
DT	平台应用	AI、AR/VR、区块链、自动驾驶……数据运营服务支持，机会	智能时代的大脑中枢 不进入 DT，华为就是外国玩家
OT	云服务	硬件云化，机会	面向业务应用发展，硬件盈利减弱
IT	云联网	硬件云化，挑战	面向业务应用发展，硬件盈利减弱
CT	互联网	硬件云化，挑战	硬件盈利能力减弱
TT	物联网	硬件品牌化，机会	硬件盈利能力增强
BT	基础技术	新机会横向触发器，机会	技术溢价能力增强

DT 成为智能时代的大脑中枢，没有 DT，就是外围玩家，与智能世界没有太大关系。运营商建网模式变化的挑战和产业互联的发展，驱动 OT/IT/CT 向业务应用发展，硬件盈利能力减弱是必然趋势。面向消费者的硬件因技术进步，盈利能力反而增强，基础技术的进步可能带来技术的溢价。

▶▶ 华为面临的挑战

表 8-5　华为面临的挑战

客户群	挑战
运营商	1. 降维竞争风险：NFV/SDN 推动运营商建网模式变化，对设备厂商的冲击不会比云计算降维竞争对 IBM 的冲击小 2. 价值链风险：腾讯、阿里巴巴参股中国联通 3. 政策风险：中美博弈带来的不确定性增加
企业	1. 腾讯、阿里巴巴大规模进入产业互联网 2. 升维竞争：价值链驱动、政策驱动 3. 降维竞争：需求下沉、渠道下沉
消费者	1. 互联网企业开放平台（安卓、自动驾驶、人工智能……） 2. 步步高系渠道下沉

华为在各个客户群，都面临现实及发展的挑战。

▶▶ 华为六次转型

2017 年 8 月 29 日，华为 Cloud BU 成为公司一级部门，正式开启华为第五次转型（1. 农村→城市；2. 方案→产品；3. 国内→国际；4.
2B → 2C；5. 设备→运营），彻底打破了《华为基本法》的边界：第一
条，永不进入信息服务业。

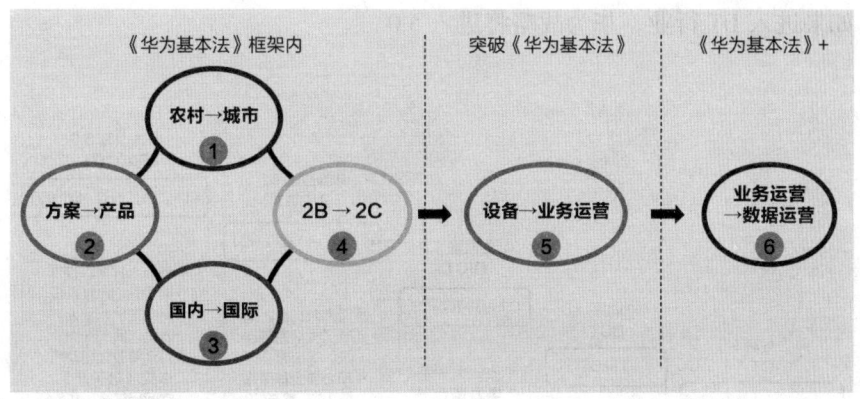

图 8-4 华为六次转型

　　这对华为有划时代的意义。华为作为设备与解决方案商，一直战战
兢兢地处理与运营商的关系，尽力避免进入运营业。华为全面进入公有
云市场，预示着华为今后有了自己成为全面运营商的可能性（进入公有
云业务领域，带来了设备商与运营商之间的边界的根本性改变）。

　　在 BICODT 行业，基、端、管、云、运齐了，华为就缺 DT（用），
如何寻找一个软入口，拥有与 BAT 类似的业务，就是华为下一个创新
突破关键点。在 BICODT 产业链，华为就是靠管理、靠组织力获得持续
成功，用对手的方法打败对手。

▸▸ 华为战略

以 BICODT 重新定义的行业产业链来看，华为战略已经进入 4.0，如果进入 DT 行业，华为战略将进入 5.0。

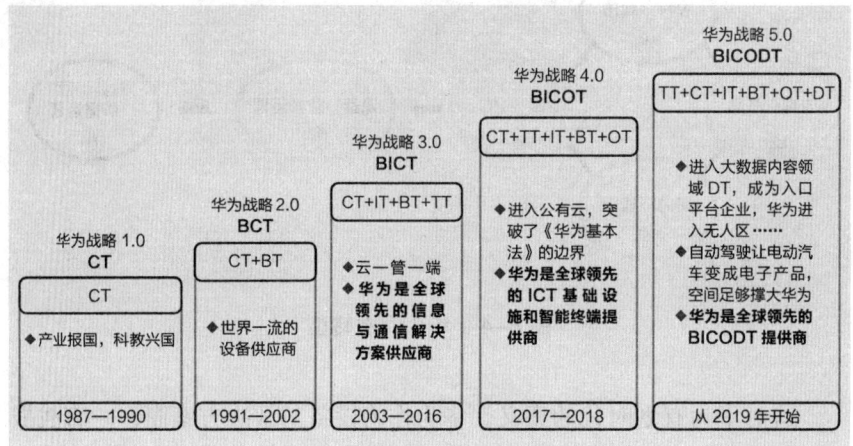

图 8-5　华为战略

华为战略 1.0（CT）：产业报国，科教兴国；

华为战略 2.0（BCT）：世界一流的设备供应商；

华为战略 3.0（BICT）：华为是全球领先的通信与信息解决方案供应商；

华为战略 4.0（BICOT）：华为是全球领先的 ICT 基础设施和智能终端提供商；

华为战略 5.0（BICODT）：华为是全球领先的 BICODT 提供商。

华为战略 = 纵向整合 + 横向整合。纵向整合，BICODT 产业全涉足；横向整合，每个产业横向找到进入机会。通过共建全连接世界，把很多产品变成可以联网的电子产品，一旦成为电子产品，华为就可以介入。自动驾驶汽车归入电子产品，华为就可以进入了。华为做的不是 ICT，而是 BICODT，即 BT（新芯片与新材料）、IT（云计算）、CT（通信）、OT（公有云）、TT（接入终端，如手机、平板电脑、汽车、可穿戴设备、智能家居……）。

▶▶ 市场开拓压强战略，逃离不连续性发展陷阱

方法：压强原则（产品导向）→强压原则（客户导向）→主航道原则（核心价值）。

华为市场开拓的有效策略，先采用压强原则在客户实现单品突破，再横向扩充提供解决方案，从发展的角度再寻找主航道，寻求新的核心价值。华为起家于运营商业务，最早的产品是程控交换机，后来运营商的旗舰产品是光传输，现在旗舰产品已经变为无线，程控交换机已经不是主流产品了。

无论是运营商、企业还是消费者业务，华为都遵循先产品导向、再客户导向、再寻找主航道的策略。从运营商网络，通过云—管—端延伸到公有云服务和消费品（以手机为代表）；从公有云，可以延伸到业务服务和数据服务；从消费品，又可以延伸到汽车等消费品产业。

聚焦产业链纵向整合和横向整合是华为战略发展的根本策略。

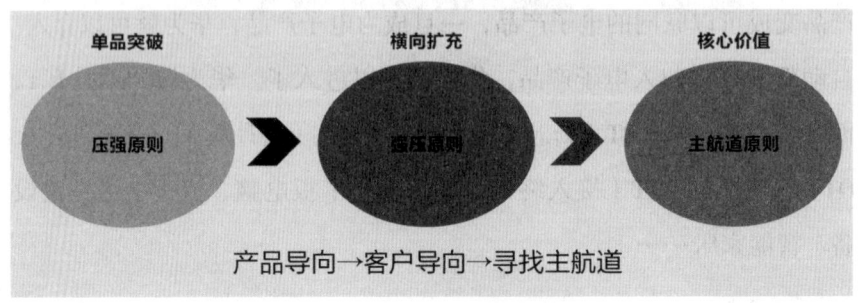

图 8-6　市场开拓压强战略

▶▶ 产品研发河道战略，逃离不连续性发展陷阱

方法：强压原则（不选择）→压强原则（饱和攻击）→主航道原则。

人们知道长江、黄河已经有数千年，但长江、黄河的源头在哪里？总共有多长？直到现代才调查清楚。华为战略原则：河道上攻战略，不知道哪个是主航道，只有都派部队进入，这样才不会错过机会。

河道战略的本质就是：不选择（价值不确定前）＋饱和攻击（价值确定后），在价值方向没有确定前都跟踪投入（强压原则），一旦确定价值方向，就饱和攻击（压强原则），快速突破。

1997—2002 年，当时的通信基础技术有 ATM、IP 两个方向，华为搞不清楚谁会成为主流，于是北京有一个 2000 人的团队做基于 IP 的产品与方案，深圳有一个 2000 人的团队做基于 ATM 的产品与方案，无论哪个方向成功，华为都可以立于不败之地。随着技术方向日益清晰，华为就把研发投入逐步倾向 IP 团队，于 2002 年 7 月解散了 ATM 团队。

诺基亚曾经是手机行业的霸主，其组织能力、渠道能力、品牌能力都无与伦比，但是面临智能手机时代，产品操作系统选错了。诺基亚做了战略选择，先采用自己的塞班操作系统失败了，又采用微软的 WP 操作系统，最后彻底玩"死"了。

华为没有做战略选择，同时做了三种操作系统：安卓、WP、麒麟。当安卓的价值明确后，华为就把主要研发力量聚焦在安卓开发上。采用了安卓系统，就可以享受安卓的生态系统，厂商只需要聚焦在把手机做好，就简单多了。但为了防止安卓不让用了，华为一直还在做自己的操作系统作为备用系统。

从某种角度上讲，强大的诺基亚"死"于战略选择，华为手机的成功是战略不选择。大企业成本的高低并不绝对致命，致命的是战略选择失误，时间成本高昂到任何企业都无法承受。华为战略选择的关键就是不选择，从不认为自己能够做出正确决策，价值确定前不选择，就避免了犯战略错误。

华为的研发战略是以空间换时间，即 2/3 资源促发展，1/3 资源保生存，也就是说在华为 2018 年 1000 亿元人民币投资中，有 300 亿是为了保生存的，也可以说是浪费的，问题在于没有人可以提前确定哪些是会浪费的，但正是因为浪费的投入确保了公司不出现大的战略失误，确保公司从容面对发展的不连续性陷阱。

➳ BICODT 全产业链细分和华为可参与空间

下表为市场空间大体估计，数量级应该是正确的。DT 领域最有价值、含金量最高，TT领域的空间最大，可以在未来30年无限撑大华为，也只有这个领域可以撑大华为，确保华为远离平衡态。

表 8-6　全产业链细分和华为可参与空间

产业分类	业务类型	总规模估计/亿美元	华为可参与空间估计/亿美元	空间说明/亿美元
DT	平台应用	6000	500	
OT	云服务	1000	100	
IT	云联网	1500	500	
CT	互联网	1500	1000	
TT	物联网	40000	10000	手机 0.5 万 + 汽车 1.5 万 + 医疗设备 0.15 万 + 智能家居 0.5 万
BT	基础技术	10000	1000	

▶▶ 华为全产业链各环节突破要点

产业链各个环节的特点不一样，华为的积累也不一样，因此突破的要点与途径也不一样。

表 8-7　华为全产业链突破要点

产业分类	业务类型	对华为的价值	突破要点	实现途径
DT	平台应用	长远价值爆发点进入无人区	成为超级入口	能否通过 AI 技术使 IT 硬件成为事实入口
OT	云服务	战略进攻	抢占政府市场	五分天下
IT	云联网	战略进攻	成为领导者	政府私有云市场
CT	互联网	战略防御	继续保持领导者	
TT	物联网	战略进攻	寻找下一个撑大华为的战略机会	进入新领域
BT	基础技术	新机会横向触发器	重要技术突破	

华为在通信领域有 30 多年的积累，在手机研发上也有 20 多年的积累，从芯片、软件、材料，到美学设计、工艺等方方面面都经历了漫长的积累与痛苦的改进过程。这些是华为长跑之后带来的深厚积累。

华为是能力公司，最适合做具有高溢价能力的消费品——手机、汽车、智能家居等，这些产品打价格战的意义不大。

▶▶ 国内市场的特点

表 8-8　国内市场的特点

BG	平衡心态	获得极限份额的障碍	极限份额	关键要素排序	政策风险	爆发速度
运营商	基于平衡心态	客户	35%	能力 + 关系 + 政策资源	大	慢
企业	个别有平衡心态	客户 + 渠道 + 对手	40%	关系 + 能力	中	极慢
消费者	完全没有平衡心态	对手	60%	能力	小	极快

医疗设备属于"关系 + 能力"，爆发速度非常慢。汽车属于"能力型"，有快速爆发的机会。

▶▶ 中兴与华为的差距为什么越来越大

在运营商市场，因为客户平衡华为的需要，中兴的跟随战略比较成功，就会获得相当比例的份额。

在消费者及企业业务市场，客户不需要平衡华为，中兴的跟随战略就失效了，消费者不会为了平衡而去买中兴手机。

表 8-9　中兴与华为的对比（单位为亿元人民币）

客户群	平衡心态	2017 年			2015 年		
		华为	中兴	比例	华为	中兴	比例
运营商	完全平衡心态	2978	637	4.7%	2323	572	4.1%
企业	个别有平衡心态	549	98	5.6%	276	105	2.6%
消费者	完全没有平衡心态	2372	352	6.7%	1291	324	4.0%
	合计	5899	1087	5.4%	3890	1001	3.9%

▶▶ 下一次规模爆发战略机会一定在 TT 领域

表 8-10　汽车、医疗设备对华为的重要性

行业	市场规模 / 亿美元	行业特点	对华为的重要性
汽车	15000	1. 空间足够大，产品种类少 2. 奢侈品，溢价能力强 3. 终端驱动型，具有快速爆发的潜力	战略上的意义 不进入汽车行业，5 年后，华为将成为平庸公司
医疗设备	1500	1. 产品种类多，实际可参与空间小 2. 关系驱动型，市场严重分割，快速爆发非常难	战术上的意义

➧ 华为战略 +1：进入 DT 领域

华为进入 DT 领域，即进入未来竞争的核心领域，真正进入无人区。

华为目前没有 DT 产业，"不碰数据"对于重构新华为是最大的自我阉割。没有大数据，AI、AR/VR、区块链、自动驾驶等就没有基本的支撑，华为只会是一个外围玩家，无法进入未来竞争的核心领域，更无法真正进入无人区。华为已进入公有云（OT 领域），突破了《华为基本法》的边界。当前，唯有突破 DT 领域，华为才能真正建立完整的产业链，让面向未来的新技术、新应用落地。华为是世界上唯一一家横跨运营商、企业、消费者三大用户群的企业，建立自己的人口、大数据业务有独特的优势。

BAT 作为软入口，形成了强势垄断，才是真正进入了无人区。只拥有硬件产品及解决方案，华为永远陷入博杀的局面，是伪巨头。华为没有 DT 产业，新技术、新应用无法落地，无法进入无人区，甚至未来只能看到 BAT 吃肉，自己喝汤都不容易；巨额研发投入就没有足够的杠杆效应，纯粹靠 BT 产生的杠杆效应不足以支撑公司未来的发展。在未来竞争的核心领域，如果只能做旁观者，长此以往，将受制于人。

➧ 华为战略 +2：进入汽车行业

无论路有多难（非技术、资本因素），华为必须进入汽车行业。汽车行业具有以下鲜明的特点：

★ 产业足够大：全球市场 1.5 万亿美元，国内市场高达 5000 亿美元，是唯一能够快速撑大华为的业务。

★ 高溢价能力：与手机一样，汽车也属于奢侈品或轻奢品，打价格战的意义不大，通过技术进步和设计能力进步，可以获得高溢价能力。

★ 能力匹配高：华为通过终端产品建立了消费品设计体系、品牌体系、营销体系，借助自动驾驶技术（AI+通信）、电池技术优势、消费品设计优势及全球营销与服务网络，有效进入汽车行业是完全可行的。同时华为是"能力型"公司，进入消费者业务更能发挥公司优势，保持公司竞争优势。

中国汽车行业产业政策变化

2018 年：取消专用车、新能源汽车的外资股比限制。

2020 年：将取消商用车外资股比限制。

2022 年：将取消乘用车外资股比限制，并取消合资企业不超过两家的限制。

新能源汽车属于国家鼓励发展的八大战略产业之一，不分国企和民企，只要愿意投入，就可以获得同等支持。

汽车行业的竞争态势预判

★ 中国市场竞争压力加剧：通过合资方式，外企在中国享受全球最高的市场溢价，但随着竞争加剧，价格下行压力逐步增大是必然趋势。

★ 保护外企时代即将终结：过去的合资企业模式，名义上是保护国企、保护国产，实际上是保护了外企，抑制了更有实力的民企进入。

★ 重走通信产业行业之路：到 2022 年，外企、国企、民企混战（类似通信行业 1995—1999 年的"七国八制"），国企将在竞争中最先阵亡，外企的优势快速被削弱，民企取得优势，从而进攻全球市场，但阻力比通信行业要大。

中国国家战略：2025 高附加值产业 ＋ 人民币国际化

2018 年 3 月 26 日，中国原油期货上市。石油、美元，涉及美国的核心利益。大家普遍关注的是贸易战，而特朗普已采取了多项反制措施，贸易战只是其中一项，特朗普如此密集的反制，正说明中国原油期货上市触动了美国财阀的核心利益。中国推出原油期货，主动触及石油、美元，为人民币国际化铺路，肯定已经做了非常周全的考虑。中国原油期货已经推出，绝不可能取消。

中国原油期货是中国获得石油定价权和人民币国际化的关键，怎样做才会成功呢？最关键的是新能源汽车。石油的主要消耗对象是汽车，如果中国大力发展新能源汽车，推动全球新能源汽车的发展，燃油汽车缓慢增长、停止增长，甚至开始下降，而美国、中国的页岩油开发，又增加了供应，就可以将石油贸易彻底变为买方市场；中国又是世界第一大石油进口国，就能逐渐获得越来越大的石油定价权。中国获得石油定价权，推动人民币国际化及与美元分享铸币权，这才是中美对决的核心。

发展电动汽车成为国家战略："弯道超车"的机会

中国只有强力推电动汽车，让石油由卖方市场转为买方市场，中国作为全球第一大进口国，才能获得更大的石油定价权，石油人民币占期货才会成功，人民币国际化才有更坚实的着力点，才有可能把人民币占国际储备货币的比重由 1% 左右提升到 10% ~ 20%，与美国、欧盟分享铸币权。中国新能源行业，今后 10 年，产生巨无霸企业是非常有可能的。

汽车产业是一个大行业，2017 年，大众和丰田销售收入都超过了 1.6 万亿元人民币，实质上形成了德、日、美、法为主体的品牌体系。中美销量约占世界的一半，中国为第一大需求国，接近 2900 万辆，远高于第二名美国的 1700 多万辆，而且很多中国人买的车比欧洲人要高一个档次，其他国家和地区就更没法比了，中国车价畸高也是全球没法比的。

中国贵为全世界第一大汽车需求国，真正有核心技术能力、规模较大的车企只有吉利、比亚迪。自动驾驶将汽车变成了电子产品，汽车电池技术的突破，让燃油车退出历史舞台成为必然（中国最快可能在 2030 年禁售燃油车）。这是产业"弯道超车"的重大机会。

华为获得国家支持，进入电动汽车行业的理由

★ 加快产业化进程：华为强大的技术积累与研发能力，可以在电子技术、电池技术、安全设计等方面快速推动电动汽车的成熟，使电动车在成本、技术及使用体验方面快速超过燃油汽车。

★ 提高国产竞争力：华为的技术优势、品牌优势及全球营销服务能力，可以快速提升国产电动汽车在全球市场的竞争力，推动全球汽车产业更新换代，推动石油快速进入买方市场。

★ 带动产业链发展：汽车产业的产业链很长，国产汽车的全球竞争力提升，可以大大带动国内产业链的发展，提升汽车产业对国民经济的总体贡献能力。

中国汽车产业十年后情况预测

★ 中美成为主导国家，德日退居二线，同款同配汽车，中国汽车价格最便宜。

★ 在电动车与燃油车的转变中，华为成为中国第一大汽车公司，上汽、一汽、广汽等逐渐衰落。

★ 华为在汽车领域，将重塑在通信、手机行业类似的光辉历史。

华为从事运营商业务已经有 30 年，从事企业业务已经有 20 年，从村村通手机开始，华为手机的历史已经有近 20 年。任何业务的积累都需要时间，华为进入 DT 领域或汽车行业，自己从头开始内生式发展不是最佳策略，购买经营不佳的企业，注入华为的技术、管理及品牌，外延式发展是最佳策略。

▸▸ 华为未来 15 年销售结构预计

表 8–11　华为未来 15 年销售结构预计

细分客户 客户群	2017 年		2018 年		2023 年		2028 年		2033 年	
	销售额 /亿美元	比重	目标 /亿美元	比重	销售额 /亿美元	比重	销售额 /亿美元	比重	销售额 /亿美元	比重
运营商	445	49%	450	44%	700	35%	700	21%	700	13%
企业	82	9%	106	10%	200	10%	400	12%	500	10%
消费者	355	39%	441	43%	800	40%	1200	35%	1500	29%
汽车	—	—	—	—	100	5%	500	15%	1500	29%
公有云	不详	—	不详	—	50	3%	200	6%	300	6%
数据服务	不详	—	不详	—	50	3%	200	6%	300	6%
基础技术	20	2%	25	2%	100	5%	200	6%	400	8%
合计	902	—	1022	—	2000	100%	3400	100%	5200	100%

基础技术：指基础技术延伸价值，不含现有归入 BG 的业务。
为方便理解，表中比重计算结果四舍五入到整数个位。

　　表中 2018 年数据为作者预估值，根据 2019 年最新的资料显示，华为未来五年公司的销售目标确定为 2500 亿—3000 亿美元，其中消费者 BG 高达 1500 亿美元。

▸▸ 2018 年：华为战略元年

　　华为依靠强大的组织力，在行业内，被动选择战略，价值确定后饱和攻击，取得了辉煌的战果。但成功的路径不是指导未来的可靠法宝：其一，华为业务战略发展遇到瓶颈，如果不主动调整，5 年后将进入平庸期；其二，华为原来有效的区域拓展模式受到了挑战，北美拓展战略也必须做出调整。

2018 年，应该是华为战略主动选择元年。腾讯、阿里巴巴的价值远超移动、电信、联通的总和，互联网公司和业务提供的管道不会给运营商带来太大的价值。华为的战略调整应包括数据运营公司、业务服务公司、消费品牌公司、基础技术公司。

进入 DT 领域，打通华为的任督二脉，盘活 BICODT 全产业链业务，进入无人区，华为销售额可以达到 3000 亿美元级。进入电动汽车行业（因自动驾驶变成电子产品），15 年内，可以让华为成为 5000 亿美元级的公司。15 年后，华为消费品（终端 + 汽车）占比将达到 60% 左右，成为一家消费品更加显著的公司。

华为企业文化包含战略、愿景、核心价值、使命。进入 DT 领域，华为愿景就可以升级了，共建全连接世界，共建智能世界。

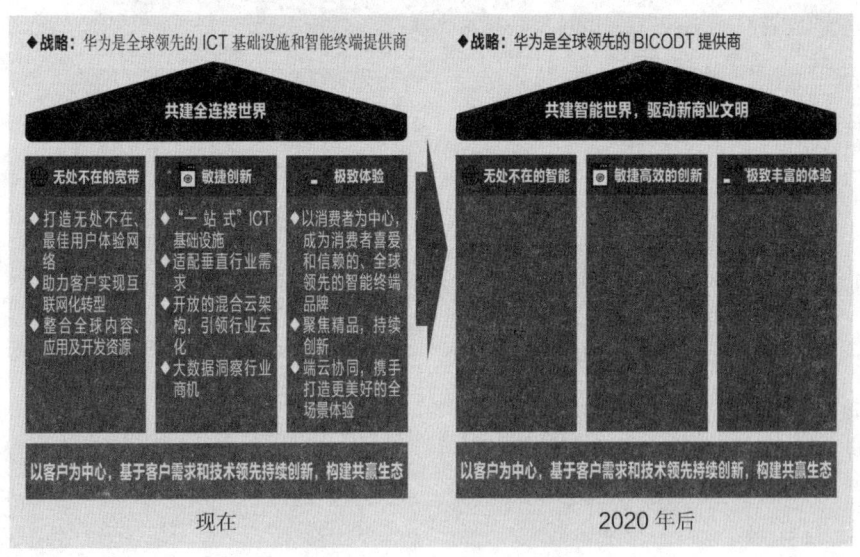

图 8-7　华为愿景升级

如果华为进入 DT 领域，华为原来的愿景，即丰富人们的沟通与生活，实际上更能体现华为在智能时代的价值。但愿华为这一次主动拥抱 DT、汽车战略。被动选择 + 饱和攻击来不及了。进入 DT 领域，建立 BICODT 智能大脑，进入无人区；培育电动汽车成为第三条主航道，撑大华为。

华为人均人力成本是小米的 4 倍，高质高价战略是必然选择，否则无法生存。做中低端手机是为了培养用户习惯（入口）、摊薄供应链成本。正确的战略不是一种选择，但是成功的必然选择。

第 9 章

华为竞争 +

2000 年之前，华为的营销能力强于产品能力，越往前营销优势越大；2000 年之后，华为的产品能力强于营销能力，越往后产品优势越大。华为攻击力最强的时候，恰恰是以前核心技术还比较薄弱的时候，那时候华为不仅重视业务应用创新，还特别重视营销与服务。

华为在全球有竞争力的根本原因在于华为的多元化文化优势，既有中国优良传统文化的中庸之道（理念，道），又有对以美国为代表的全球优秀文化的吸收，主要体现在精细化管理、核心技术的学习与掌握（形式，术），再结合任正非的管理哲学，就形成了华为独特的文化环境和独特的结构性竞争优势。

面对 BICODT 产业链边界的模糊，面对未来残酷的产业链生态战、格局战、建网模式转变战，华为需要更多开拓型、领袖型人才，在残酷的产业链竞争中，不仅维持住现有优势，还创造出更大的优势，把卓越的华为变成伟大的"华为＋"。

▶▶ 华为的"中西合璧"

英国兰开斯特大学管理学院一教授评价：华为不过是走在西方公司走过的路上。的确，华为之所以能够在国际市场取得今天的成绩，就是因为华为多年来真正认认真真、恭恭敬敬地向西方公司学习管理，真正走上了西方公司走过的路。华为 30 多年的发展史就是一部全面西化史。

华为的成功是因为在走西方公司走过的路吗？是，又不是，如果华为走的是西方公司走过的路，那它凭什么打败西方公司北电、朗讯、阿尔卡特、西门子、诺基亚、爱立信呢？华为不可能简单地走西方公司走过的路，而是通过中西合璧，形成了结构性的竞争优势，形成了硬实力、软实力及巧实力结合的综合竞争优势。在互联网设施及服务 BICODT 行业，华为的硬实力和巧实力已经世界第一，华为硬实力、软实力及巧实力均为中国第一。

华为的东方文化主要是体现"灰度"观念。这个观念注重的是人与天的和谐、人与社会的和谐、人与人的和谐，主张一切都顺应自然、合乎天道，人的一切活动都要在自然状态下进行。在这种状态下，华为更注重人的精神生活，而不是物质生活。

而西方文化更注重理性。主张从根本上来认识世界，要运用理性思维来把握世界，并且积极改造世界，使世界来适应自己。在这种思想下，人们更加注重物质生活。

华为的成功也是中西合璧的成功，既充分发挥东方"道"的优势，又削足适履地学习与应用西方"术"的优势，形成了完美的"道中术西"的中西合璧的特点。

东西文化的比较：

★ 中国文化的特点是感性、灰度、变通、艺术、一统、天人合一，适合组织协作"对人"的管理。

★ 西方文化的特点是理性、科学、规则、技术、统一、征服自然，适合组织协作"对事"的管理。

表 9-1　道中和术西的对比

比较事项	道中	术西
适应范围	对人	对事
主要特征	灰度	科学
协作标准	一统，求同存异	统一，标准一致
文化特点	感性	理性
本体论	天人合一	征服自然
方法论	变通	规则
知识论	艺术	技术

东方之道与西方之术，在华为中西合璧构成极端灰度。华为的成功正是华为中西合璧的成功，更是任正非管理哲学、艺术与技术的高超之处。

★ 术的层面（对事），走西方公司走过的路，平台化、制度化、流程化运作，形成了十大平台：研发、中试、制造、采购、营销、HR、财务、行政、知识管理、公共数据。

★ 道的层面（对人），运用中国的灰度智慧，指导十几万人有条不紊地高效运行，使队伍保持着日更日新。

在向西方顶级咨询公司学习"术"的过程中，华为通过"先僵化、再固化、后优化"的方法，要求削足适履，原原本本地学习西方的管理技术，像西方公司一样开发产品与运营企业，确保学习不走样，继而结合华为本身的优势，在术的方面逐步成为行业标杆。华为在术的方面的学习与实践是极端灰度。

管理改进的"七个反对"原则是极端灰度：坚决反对完美主义，坚决反对烦琐哲学，坚决反对盲目的创新，坚决反对没有全局效益提升的局部优化，坚决反对没有全局观的干部主导变革，坚决反对没有业务实践经验的人参加变革和坚决反对没有充分论证的流程进行实用。

在"道"的层面，中国人亦正亦邪，原则灵活，用不同的指导思想指导企业的不同方面，比如在工作上，狼性，无条件把活干好；在管理上，无为，由必然王国进入自由王国，很好地指导企业在"道"的层面达到了极致；在生活上，宽松，华为是第一家有首席健康官（CHO）的企业。狼性、无为、宽松，又是在"道"的层面的极端灰度。

"道中"与"术西"是极端灰度，"道"的构成是极端灰度，"术"的实践是极端灰度，中西优势文化的极致完美结合，形成华为极致的中西合璧优势。

▸▸ 华为运营商 BG 竞争战略

华为的优势是质量好、服务好、运作成本低、优先满足客户需求。这是华为对客户的承诺，实际上也是华为的竞争战略。以客户为中心，关注客户需求结构，客户模式决定组织模式、产品模式、渠道模式、服务模式及品牌模式。

运作成本低战略：华为的低成本战略主要是用在研发和生产环节。在研发环节，华为以市场为导向，购买核心技术，根据客户需求进行改进，降低了基础研发环节的投入。在生产环节，华为可以利用国内原料、工人价格低的优势，找到满足技术、工艺要求而价格较低的供应商，也可以充分利用其他发展中国家低廉的劳动力。低成本战略使华为获得了相对于竞争对手的价格优势，减弱了华为进入新市场的壁垒。

质量好战略：华为以巨大的投入引进国外最先进的研发管理体系。以全球化的视野，搭建强大的研发平台，全球建设 17 个研发中心，其中国内有 7 个。各研发中心根据地区特点发挥最大优势，采用不同的主攻方式。以全球化眼光，从人才高地引进世界顶级的创新人才。例如在意大利引进微波领域世界第一的专家，通过三年努力使华为微波通信技术成为世界第一；莫斯科数学研究所引进俄罗斯顶级数学家，提出巅峰性的理念，使得华为无线通信技术世界第一。

服务好战略：华为在海外设立 22 个地区部，100 多个代表处或办事处，产品已经覆盖 170 多个国家和地区。170 多个国家和地区是什么概念？人口在 20 万人以上的国家和地区都已覆盖。华为在全球设立了 36 个培训中心，为当地培养人才，推进研发、销售、管理人员本地化。通过规范管理、改造流程，实现差异化战略。华为强调从客户服务到客户满意的转变，快速响应客户需求。为此，华为建立了包括服务解决方案和应急响应中心在内的服务产品线，快速响应客户需求。

优先满足客户需要战略：向全球电信运营商提供开放的应用环境、智慧的运营平台和快速服务，以帮助运营商增加运营收入、提高运营效率。通过敏捷开发，快速满足客户需求。通过帮助运营商建立云计算平台，有效提高其在 IDC 等 IT 平台方面的投资效率，协同、快速、专业。

在全球服务方面，华为持续优化服务解决方案并提升运作效率，帮助客户进一步提高总拥有价值（TVO）。

差异化竞争战略： 商业模式与战略是容易模仿的，但组织力是难以模仿的，华为一直是成功的竞争驱动型公司。公司较弱时，主要借助快速开发适应性业务，实现差异化战略，取得成功；公司成为强者后，依靠产品金字塔、不上市、客户持续采购需求及组织体系的巨大差异化优势，在业务上实行差异化战略，华为后发先至，取得市场成功。

技术领先战略： 华为强调"以客户为中心"的创新，创新模式总体上可分为两大阶段。第一阶段为 2011 年之前，是学习与追赶阶段，为了追赶业界最佳，从早期简单的"性价比"竞争，逐渐实现关键部件和技术的替代，努力提升核心竞争能力。如在光传输领域通过关键部件的技术突破与芯片化，实现光传输产品超越竞争对手的水平。第二阶段，以客户为中心的开放式创新，与世界领先的竞争对手平起平坐，特别是进入"无人区"之后，华为更加强调以客户为中心的开放式创新，即使资金充裕，也要聚焦主航道。开放式创新就是要吸取"宇宙"精华，包括向竞争对手学习。华为还在学习"蓝绿军团"的线下店布局和如何保持高盈利能力，学习三星的关键器件研发和供应链运作，学习苹果的商业模式和生态链构建等。

超越竞争对手的创新： 华为在欧洲等发达国家市场的成功，得益于两大颠覆性产品创新，一个叫分布式基站，一个叫 SingleRAN。利用 SingleRAN，可以在一个机柜内实现 2G、3G、4G 三种通信制式的融合功能，理论上可以为客户节约 50% 的建设成本，也很环保。SingleRAN 解决方案采用统一平台架构和软件可定义的设计模式，提供了动态网络容量灵活调整和扩展的能力，实现了 GSM/UMTS/LTE 等不同制式网络间协同和集中调度，有效提升网络资源效率，为用户提供了无处不在的宽带业务体验。华为的竞争对手们也企图对此进行模仿创新，但至今未有实质性突破，因为这种多制式的技术融合，背后有着复杂无比的数学运算，并非简单的积木拼装。正是这样一个革命性、颠覆性的产品，过去几年给华为带来了全球市场上的重大斩获。因为独特的技术与产品，在欧洲市场，价格最高的是爱立信，华为的产品平均价低于爱立信 5%，高于诺基亚 5% ～ 8%。

2005 年，全球通信行业市场的厂商平均利润低于 10%，全球行业平均可变价格降低 5% ～ 10%（如果以前行业价格是 100，价格降低到 90 ～ 95，降低部分全部是行业的净利润，同行业其他厂商就没有利润了，旧的市场格局就没有办法维持了）。任何行业都是一样，看似强大的竞争对手，只要影响到一定的程度就全面崩溃了。

经过多年不懈的努力，2006 年，华为对全球通信行业市场的价格已经有了重大影响，也迎来了确立自己新坐标的新阶段，管理及产品技术方面的持续提高、文化的融合以及品牌方面的成效是能否成为领导者的关键。当时我预计华为在 2008 ～ 2010 年，将奠定在全球通信行业的领导者地位。

2B 产品基本都有这个特点：如果某个企业提升效率，系统成本有足够竞争力，若能够使全球行业平均价格降低 10%，这个行业的国外企业就基本要崩溃；若使全球行业平均价格降低 20%，估计就剩不了几家企业了。

从 30 多年的发展来看，华为在运营商 BG 的竞争战略是非常成功的。

华为消费者 BG 竞争战略

手机属于轻奢品，华为改变传统的低价认知后，走高质高价战略、多品牌战略、产品金字塔战略，赢得了巨大的商业成功：

★ 高质高价战略：通过芯片、软件、摄像、应用软件等多方面的领先优势，树立了华为高技术含量的品牌形象。

★ 多品牌战略：采用华为、荣耀两大品牌，覆盖不同类型的客户，通过线下和线上尽最大可能覆盖最广泛的客户群。

★ 产品金字塔战略：低、中、高产品全覆盖，满足了不同层次消费者的需要。

从当前的发展情况来看，手机的竞争战略是非常成功的。

华为竞争哲学

在与外商的"战斗"中，国内企业无论是技术还是资金、服务都处于劣势，因此普遍采用了"运动战术"——在"敌人"最薄弱的农村和落后省份建立根据地。而华为由于民营身份和领导者任正非的平民背景，更是弱者中的弱者。因此，变弱为强就自然而然成为思维路线。

任正非的确得益于在军队中对毛主席、克劳塞维茨等军事家著作的研读。"农村包围城市""压强战术""以价格战狙击对手"等战术，都是"战争状态"下的自然产物。一切战争的本质或根本目的，都是保存自己，消灭敌人，这是一切战争本质的共性。一切军事思想、军事原则皆是为此本质或根本目的服务的，这是一切军事思想、军事原则的共性。

我国绝大多数民营企业的文化都带有强烈的战争色彩，因此经常听到"形势是严峻的""竞争是残酷的""市场只有第一，没有第二""不是生存就是死亡"等说法。进入网络时代，"生与死"的概念换成了"吃与被吃"的流行说法，所谓"大鱼吃小鱼""快鱼吃慢鱼"。

华为这样的企业为什么会有这么残酷的意识呢？华为这样的企业从成立那天开始，就在家门口面临残酷的国际竞争，华为没有资金、没有技术、没有管理、没有品牌，属于N无企业，而对手阿尔卡特、朗讯、北电、爱立信都是世界通信巨头，竞争力根本不在一个层次。

在残酷的竞争中，行业技术门槛很高，研发投入与市场投入都无限巨大，对管理的要求又非常复杂，华为如何在绝境中求得生存？华为的理想主义和现实主义发挥了作用，理想主义确保在残酷的竞争中保持对美好未来的追求，现实主义确保在残酷的竞争中站稳脚跟，赢得地盘，赢得足够的市场，赢得生存与发展的机会。

任正非在部队期间就是"学毛选标兵"，华为的市场攻略、客户政策、竞争策略以及内部管理与运作，无不打上"毛式"竞争哲学的烙印。华为的竞争哲学与红军／解放军的竞争哲学有很多相似之处，又引入西方的科学管理与核心技术加以升级，构建了华为独特的结构性竞争优势，确保华为由弱变强，最终成为全球领导者。

表 9-2　红军 / 解放军竞争哲学与华为竞争哲学的对比

事项	红军 / 解放军	华为
愿景	星星之火可以燎原、解放全中国	通信行业三分天下有其一，手机世界第一，公有云五分天下
错位竞争	农村包围城市：去延安，远离中心城市 从农村积累力量，逐步展开	农村→城市→国际 积累力量，逐步展开（产品 + 区域）
根据地思维	井冈山、瑞金、延安、晋察冀、晋冀鲁豫、晋绥、陕甘宁、胶东、苏中、苏南、苏北、淮南、皖中、皖南、鄂豫皖、东江以及琼崖……	压强原则 + 强压原则 + 主航道 伤十指不如断一指
人民战争	群众路线	普遍客户关系
人际关系	兵为将用	兵为将用，不为将有
统一指挥	支部到连	管理委员会 / 办公委员到连基层组织
决策模式	民主集中	民主集中
作战组织健全	领导力（思想动员）+ 执行力（决、执系统健全） 组织力强大	领导力（德治、法治、人治）+ 执行力（决、执系统健全） 组织力强大

▶▶ 中国近代三大思想流派的特点

心学，由明代大儒王守仁（号阳明）发展的儒家理学。元代以及明初以来流行的理学强调"格物以穷理"，王阳明杂糅了儒家、道家和佛家的学问，强调"心即理"（世界万物的终极本原），即道理不需外求，而从自己心里即可得到，提出心学的宗旨在于"致良知"。程朱（程颢、朱熹）理学的标准是圣人，人欲与天理是矛盾的；王阳明心学的标准是良知，人欲与天理不矛盾。王阳明心学对近代影响深远。

实学，由明末清初大思想家王夫之集大成，毛泽东在世界观和人生观的形成中深受湖湘文化注重探求宇宙、人生之大本大源的影响。湖湘文化经由王夫之、魏源、曾国藩、谭嗣同等人发扬光大后，毛泽东一方面吸取了其中关于"大本大源"的思想,另一方面又将其提升到哲学的高度,并将其与对社会的改造联系起来。主张务实践履、倡导实事求是的学风也深深地影响了毛泽东,他重视实践,提倡力行。王夫之对青年毛泽东的影响,是通过两条路线,第一条是王夫之→谭嗣同→杨昌济→毛泽东,第二条是王夫之→曾国藩→杨昌济→毛泽东。

厚黑学,由近代思想家李宗吾所创立。他以三国与晋为例,三国为什么鼎立?因为曹操心黑,脸皮不厚;刘备脸皮厚,心不黑;孙权脸皮不够厚,心不够黑。为什么司马家族最后统一了三国?因为司马家族脸皮厚,心又黑。

心学、实学、厚黑学的特点

心学、实学、厚黑学都有着广泛的影响力,特点也非常鲜明,心学有原则,实学没有原则,厚黑学没有底线。

表 9-3　三大思想流派的特点

流派	创始人	籍贯	特点
心学	王守仁	浙江	有原则
实学	王夫之	湖南	没原则
厚黑学	李宗吾	四川	没底线

这三种思想流派的广泛影响正如中国三大拳种——少林拳、太极拳、形意拳并存一样,因为它们在某种程度上是相克的,太极拳克少林拳,形意拳克太极拳,少林拳又克形意拳,形成了石头—剪刀—布的三角循环关系。

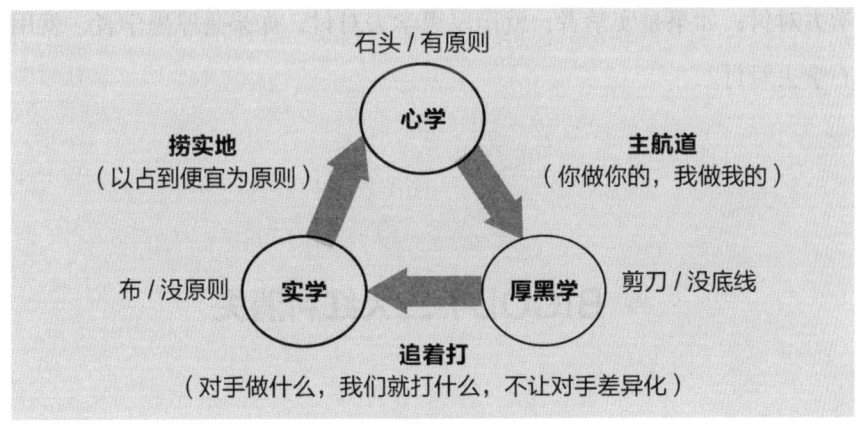

图 9-1　三大思想流派的关系

心学、实学、厚黑学的关系

　　心学有原则，相当于"石头"；实学没原则，相对于"布"；厚黑学没有底线，相当于"剪刀"。于是实学"布"克心学"石头"，以"捞实地"占到便宜为原则；心学"石头"克厚黑学"剪刀"，以"主航道"你做你的，我做我的为原则，有战略定力；厚黑学"剪刀"又克实学"布"，以"追着打"对手做什么，我们就做什么，不让对手差异化为原则。

　　一般来说，就是有原则的打不过没有原则的，没有原则的打不过没有底线的，没有底线的又打不过有原则的，没有哪种最好，也没有哪种不好，形成相互制衡的关系。

　　世界上很多事物之间的关系就是石头、剪刀、布。一个高手应该什么招都会，不在乎自己出什么招（比如不能只会出石头），关键看对手出什么招，然后用相应的招去克制他。对手如果是一个心学者，就用实学去对付；如果是实学者，就用厚黑学去对付；如果是厚黑学者，就用心学去对付。

▸▸ BICODT 三大红利消失

经过多年的发展，BICODT 产业链上的大玩家——运营商、设备商及互联网公司都面临红利消失的困境，增量市场趋于枯竭，进入存量搏杀阶段。

★ 运营商红利消失：2018 年前三季度，中国移动收入 5677 亿元人民币，同比下降 0.3%；中国电信收入 2849.71 亿元人民币，同比上升 3.6%；中国联通收入 2000.13 亿元人民币，同比增长 6.5%。这意味着中国的运营商增量市场趋于枯竭，进入存量搏杀阶段。

★ 设备商红利消失：全球运营商网络布局基本完成，经过华为 20 年的努力，全世界能建网的国家和地区基本都覆盖了，整张网完全新建变得越来越少。也可以说，全球运营商基础网络大规模建设的高潮已经过去。5G 建设替代原来的 4G 建设，主要是厂商格局的变化，相对 4G 的建设周期，5G 建设规模应当差不多，不会有太明显的增长，全球运营商建设需求增量市场趋于枯竭，进入存量搏杀阶段。

★ 互联网公司红利消失：截至 2018 年 6 月，中国手机上网用户已达 7.88 亿，占全体网民的 98.3%。2018 年中国人口总数约为 13.9008 亿，近 5 亿人没有触网。没有触网的人群主要可分为老龄人群体、幼儿群体和贫困群体，此三类群体都属于战略攻坚地带。想要使互联网更加普及，只有等待经济水平进一步提高，基础设施进一步建设，以及大批中产、网生一代渐渐成长，整个社会才能真正"浸入"网中。国内互联网用户增量市场趋于枯竭，进入存量搏杀阶段。

国内运营商、设备商及互联网公司均面临用户增长乏力或业务增长乏力，为了实现增长，沿着 BICODT 产业链扩张成为唯一的选择，行业边界将进一步模糊，并随着资本的互相渗透，华为的竞争对手将由行业内的对手——爱立信、诺基亚、中兴、三星这样的设备公司，演变成 BICODT 产业链上的互联网公司、设备公司及运营商，形成大范围、全角度、多层次的竞争与合作。

▶▶ 华为未来的对手是谁

中国市场竞争预判：巨头最终走向 BICODT 全产业链。美国近 20 年，除了几家互联网服务企业外，没有再出现过世界级的硬件企业；中国今后 20 年，也不会再出现世界级的硬件企业。用 BICODT 代替 ICT，我们可以非常清晰地看到华为现在或未来对手的变化，更能准确预知未来竞争态势的变化。

表 9-4　未来竞争态势的变化

类型	公司	目前侧重	未来走向	说明
全产业链	华为	BICOT	BICODT	
DT/OT	谷歌	ICOT	BICODT	自己生产硬件交换机、一直想办法颠覆运营商基础网络
	阿里巴巴	BIODT	BICODT	收购芯片公司，成立平头哥半导体

续表

类型	公司	目前侧重	未来走向	说明
DT/OT	腾讯	IODT	BICODT	组织重整，强化拓展产业互联网
	百度	BICDT	BICODT	人工智能、自动驾驶
CT	爱立信	BICT	BICODT	很有可能被互联网公司收购
	中兴	BICT	BICODT	很有可能被互联网公司收购
IT	IBM	BIT	BICODT	可能被收购
	思科	BICT	BICODT	可能被收购
	H3C	BICOT	BICODT	进入公有云
TT	苹果	BODT	BIODT	
	三星	BICOT	BICODT	
	小米	BODT	BICODT	硬件入口战略
BT	高通	B	BICODT	可能被收购

随着传统互联网红利的枯竭，大型互联网公司向产业互联网转移成为必然。谷歌研发网络设备，是在想办法颠覆运营商的建网模式，虽然暂时没有成功，但其颠覆运营商基础网络的决心没有改变。腾讯、阿里巴巴参股联通，阿里巴巴通过公有云、钉钉等进入产业互联网，并收购中天微，参股寒武纪、Barefoot Networks、深鉴、耐能、翱捷等芯片公司，成立了平头哥半导体有限公司，当前，阿里巴巴只缺 CT 了。

软件定义网络带来边界模糊，未来 10 ～ 20 年，华为面临的竞争将比过去任何时候都要复杂得多。未来全球有竞争力的企业，都必须走 BICODT 的道路才有竞争力。预计 2025 年前后，上述公司又会出现一轮并购潮，华为的主要对手正在由传统的通信、终端公司演变成大型互联网公司。

腾讯战略布局是基于中国智能产业升级的浪潮，从金融业、消费产业（零售、出行等）、智慧城市、汽车产业，到上游的制造业。为了取得产业链上的主导权与灵活性，需要逐渐取代外企成为中坚力量，链条上细分领域逐渐需要有一个平台型的企业作为核心引领，重构资源价值。中国兼具品牌、资源、资金及运营实力的企业，非华为、阿里巴巴和腾讯莫属。华为、阿里巴巴、腾讯原来分别定位于通信、电商、社交，目前正在产业互联网的道路上狭路相逢。

腾讯重整组织结构，强化对产业互联网的拓展，并且成立技术工程事业群，强化新技术、新应用的研发。在互联网的竞争赛场上，上半场腾讯通过连接为用户提供优质的服务，下半场属于产业互联网，将在上半场基础上，助力产业与消费者形成更具开放性的新型连接生态。

表 9-5　产业互联网解决方案

企业	产业互联网解决方案
华为	政务、智慧城市、智能制造、能源管理、零售、金融
腾讯	政务、教育、出行、能源、金融、零售、智能制造
阿里巴巴	政务、教育、出行、能源、金融、零售、智能制造

在产业互联网的世界里，华为与腾讯、阿里巴巴迎面撞上，走BICODT 全产业链模式是竞争与发展的必然。

▶▶ 华为运营商业务面临三大挑战

过去 30 多年，得益于全球化发展及 ICT 行业内的企业竞争，华为实现了飞速发展。未来，华为与 ICT 行业的对手竞争得心应手的日子结束了，华为将面临以互联网公司向 BICODT 全面转型带来的巨大的技术、业务及资本冲击。

未来 5 ~ 10 年，BICODT 行业的所有企业——芯片、终端设备、通信设备、云计算、运营商及互联网大数据运营商企业，将出现大范围的并购、资本渗透与战略联盟，各个优势企业最终都要呈现完整的 BICODT 产业生态系统并参与竞争。目前相对简单的行业内竞争及运营商股东正在变化，BICODT 全产业链竞争与融合将日益加剧：

★ 网络云化的挑战：IBM 受到云计算的影响，业务已经连续下降 6 年；如果大运营商网络云化，给华为带来的是巨大的挑战，华为只有应对得当，才能通过技术与建网模式的转型，重新建立竞争优势与网上优势。

★ 资本渗透的挑战：互联网公司借助资本优势，渗入运营商和设备商将成为必然。阿里巴巴和腾讯已经参股联通，且不意味着不继续参股其他运营商，电信与联通也存在合并的可能。同时，不排除互联网公司参股甚至控股设备厂商。互联网公司、设备公司与运营商之间的简单关系，将因资本的渗入变得复杂，华为全面参与市场的能力将受到挑战。

★ 贸易战的挑战：贸易战让全球相对自由竞争的市场态势变得更加政治化、复杂化。受政策的影响将不可避免，短时间可能难以扭转，完全回到相对自由的全球竞争时代难度比较大。华为的全球战略区域市场进一步深耕将面临挑战，应做好打持久战的心理准备。

长期以来，运营商根据设备商的价值来选择设备商合作往往是唯一的合作方式。今后，客户选择设备商合作，将更多受到资本、政策及设备商价值的全方位影响，这对华为将是一个严重挑战。华为应对的策略仍然是增强综合实力，一方面，持续提升硬实力，保持明显的领先优势，让客户不得不选择；另一方面，弥补巧实力和软实力的不足，让巧实力、软实力与硬实力一样强大。这样，华为成为伟大企业就不远了。

▶▶ 华为如何进攻

一般来说，外企的竞争指导思想趋于心学，但也会使用实学和厚黑学，比如当前 5G 的竞争，明显使用了厚黑学和实学；国内企业一般采用实学和厚黑学作为竞争指导思想。

表 9-6　华为的应对策略

类型	公司	指导思想	华为的应对策略	
DT/OT	BAT	厚黑学	心学	主航道
CT	爱立信	心学	实学	捞实地
	中兴	实学	厚黑学	追着打
IT	IBM	心学	实学	捞实地
	思科	心学	实学	捞实地
	H3C	实学	厚黑学	追着打
TT	苹果	心学	实学	捞实地
	三星	心学	实学	捞实地
	小米	厚黑学	心学	主航道
BT	高通	心学	实学	捞实地

腾讯、阿里巴巴、小米这样的互联网公司资本雄厚，运营能力很强，竞争方法多样，华为在西化的道路上越走越远，江湖名门正派的单一竞争思维正在把华为置于危险的境地。

▶▶ 华为趋于心学的风险

国际化以前的华为，是以"实学"为核心竞争思维的，靠实战能力弥补规范性（产品开发、销售管理、问题解决）的不够。国际化以后的华为，越来越像一个心学组织，在对付跨界竞争对手（厚黑学）时能够保持足够定力，但应对实学组织，办法不多，因此"巧实力"组织战斗力没办法达到与"硬实力"战斗力同等的水平。

华为内部相对封闭与单纯，30多年来，华为就像一把大筛子，把复杂的人、心里长草的人都筛出去了，简单的人留下来了，这样的好处是内部管理难度降低，坏处是参与市场竞争的能力减弱了。

华为大浪淘沙始见金的结果：其一，剩下的都是金子，纯净，失去了灰度；其二，圆润，华为人才特征趋于单一，失去了灰度。都是圆润的金子，谁来扎破麻袋？经过长期的西化，规模也变得足够大，华为成为一个运作正规的名门正派企业，竞争思维趋于单一，越来越像IBM，越来越像一个心学组织，靠企业建立起来的优势生存，实际开拓能力与竞争能力已经明显不足。

华为的硬实力已经足够强大，需要弥补竞争指导思维，让巧实力、软实力变得与硬实力一样强大，这样即使靠现有业务，也可以使销售达到2000亿美元。

▸ 文化张力太大，人张力太小

经过长期的钝化，华为的文化张力达到极大，但华为人的张力已经降到了极小。经过华为大浪淘沙留下的干部，绝对个个是人中龙凤，能力与人际关系都是顶级高手。但你去观察，他们都有共同的特点：忍耐力和执行力都非常强，圆润而善于人际关系，随大流、不愿意惹事，特别善于妥协与灰度，属于执行型人才。或者说，华为现有干部出来创业，如果完全脱离大华为系统，不借助关系做华为的上下游，完全独立创业，成功概率应该是非常低的。

有想法、有棱角、不妥协的人在华为简单驱逐复杂的过程中，基本都被淘汰了，华为人的张力因此降低到了最小，在华为各个层级，有张力及爆发力的开拓型、领导型人才已经变得十分稀缺。这种状况在公司顺风顺水的时候，可以靠惯性发展，一旦出现大的危机，只有靠掌舵人力挽狂澜了。如果组织中人的张力比较大，各个层级都有领袖型人才，就如高铁的动力分布式系统，合力驱动高铁前进；而华为目前主要靠火车头驱动，其他节列车的动力不足，靠惯性运行，这应该是华为组织体系长期竞争力的一个隐忧。

华为 2002 年正式进军美国市场，到现在仍没有取得实质性进展，从结果来看是失败的。从表面上看是美国政府的问题，是中美博弈的问题，或者是竞争对手厚黑的问题。从根本上讲，是华为干部体系的问题，一方面，华为高估了自身的实力，采用了错误的战略与策略，另一方面，说明华为缺少真正能解决问题、有张力的干部。

华为内部的妥协其实经常演化成对原则、方向的妥协，而不是对方式、方法的妥协。

▸▸ 华为竞争 +1：华为干部作风 9 条

干部更要敢于冲锋，敢于胜利，华为干部八大作风业内闻名，但我认为应该增加一条，变成 9 条：

1. 绝不搞迎来送往，不给上级送礼，不当面赞扬上级，把精力放在为客户服务上。

2. 绝不动用公司资源，也不能占用工作时间，为上级或其家属办私事。遇非办不可的特殊情况，应申报并由受益人支付相关费用。

3. 绝不说假话，不捂盖子，不评价不了解的情况，不传播不实之词，有意见直接与当事人沟通或报告上级，更不能侵犯他人隐私。

4. 认真阅读文件、理解指令。主管的责任是胜利，不是简单的服从。主管尽职尽责的标准是通过激发部属的积极性、主动性、创造性去获取胜利。

5. 反对官僚主义，反对不作为，反对发牢骚讲怪话。对矛盾不回避，对困难不躲闪，积极探索，努力作为，勇于担当。

6. 反对文山会海，反对繁文缛节。学会复杂问题简单化，600 字以内说清一个重大问题。

7. 绝不偷窃，绝不私费公报，绝不贪污受贿，绝不造假，也绝不允许任何人这样做，要爱护自身人格。

8. 绝不允许跟人、站队的不良行为在华为形成风气。个人应通过努力工作、创造价值去争取机会。

9. 坚持原则，不怕失败，敢于胜利，善于胜利，到了提枪跨马上战场的时候，一定要把英雄选出来，没有英雄就没有未来，英雄犯错了就下去，改了再上来。

华为内部对原则、方向的妥协，会造成个人张力的大量丧失，让有思想、有张力、对原则不妥协的人失去生存空间，被华为之浪筛出去。强化干部敢作为，主动作为，容忍甚至培养各个层面具有开拓能力的领袖型人才，让华为始终具有有效的进攻能力。

▶▶ 华为竞争 +2：领袖型人才 +、新员工 +、竞争研究 +、顾问 +，实现熵减，提升竞争力

　　未来 5 ~ 10 年，华为面临运营商行业颠覆性变革、软件定义网络带来跨界竞争对手的打击、现有业务有效参与空间不足等多重挑战，华为继续高速发展的动力来自哪里？我认为来自竞争指导思想的多维性，华为现在是名门正派企业，竞争思维改进方向以心学为主，兼修实学和厚黑学，主要通过以下四个方面来确保华为竞争指导思想与能力的灰度：

　　★ 领袖型人才 +：华为应重新定义干部选拔标准，选拔开拓型、领袖型干部，让有想法、不妥协、务实的干部得到重用，让开拓型、领袖型干部直面残酷的 BICODT 行业的全面融合与竞争，承担起艰巨的责任。

　　★ 新员工 +：华为招聘的应届毕业生都是名牌大学毕业，属于小白兔式人物，从小没有打过架，没有一点坏心眼，针对对手，不可能想出太多有效的竞争套路来。营销人员要保持一定比例的社招生，从弱势企业招的社招生，因原公司实力不足，实战能力更强，点子更多，不断输入"野路子"，从人才上优化华为竞争知识结构。

　　★ 竞争研究 +：针对不同的竞争对手，强化针对性的战略与战术指导，有效压制对手，从机制上优化竞争知识结构与竞争能力。

　　★ 顾问 +：华为顾问团是人力资源、流程这些以"术"为主的人员团体，应该补充具有战略思维能力、熟悉行业、善于竞争的人做顾问，优化顾问知识结构。

一个组织思维多维（心学、实学、厚黑学全会），针对不同的对手采用相应的应对策略，是持续打胜仗的根本保证，而合理的人才结构和竞争机制体系是基础保证。华为应避免竞争思维继续板结，竞争思维熵增趋势需要得到扭转，通过领袖型人才 +、新员工 +、竞争研究 +、顾问 +，注入熵减，提升竞争力，提升华为的巧实力与软实力，使其达到与硬实力同等的水平，提升华为的综合实力。

面对 BICODT 产业链边界的模糊，面对未来残酷的产业链生态战、格局战、建网模式转变战，华为依托文化的张力，再适度增加人的张力，可以大大提升华为的开拓能力及市场竞争能力，增加组织生存与继续高速发展的能力，创建华为更大的优势，把卓越的华为变成伟大的"华为 +"。

第 10 章

华为样本价值 +

1998 年 6 月，我到华为时，华为数据行销部还没成立。我后来被安排负责东北市场，当时产品只有一款最低端路由器和一款最低端交换机，拜访东软东北公司总经理韩伟时，我说华为要打败思科，他笑了几声，估计心里想：疯了吧！2005 年，我以华为 3Com 东北片总的职位再拜访他时，他哈哈大笑："你们要打败思科？"2000 年初，美国思科如日中天，我与客户交流时说，华为可以打败思科，并且华为技术上一旦超过思科，它就再也追不上了。客户们不解地问："为什么？"我说，因为华为人加班，他们不加班。后来的发展事实证明了这一点。2005—2006 年，华为与思科在辽宁对决的大项目，只丢了鞍钢园区网，曾经不可一世的思科在中国已成明日黄花。

通信行业的朗讯、思科、北电、摩托罗拉、爱立信、诺基亚、西门子等曾经是多么优秀，多么遥不可及，当华为超越时，它们是多么的脆弱与无能……它们靠"国家安全"软壁垒保护，如果通信行业完全自由竞争，它们还能坚持多久？

中美之间的国运战，中国不通过战争赢得老大地位是有可能的，但不可能不打贸易战就获得老大地位，中美贸易必有一战。西方不允许中国崛起的真正原因不是怕中国抢夺能源，而是怕中国抢夺它们的高附加价值产业和金融业，这两类是维系欧美高生活水准的根本。欧美本来把中国定位为原料提供和初加工者，即定位为产业中、低层，根本不希望中国搞高层，即高附加值产业和全球金融业。

美国超越日本，重新领先，靠的不是贸易战，而是另外两个原因：1. 日本固守模拟技术，数字技术被美国领先，美国超越日本靠的是数字技术优势并保持至今；2. 日本人口只有美国的 1/3，内需纵深不够，人口萎缩造成房地产停滞，没有房地产，很多产业就没有了。与日本相比，中美之间的关键要素变了：1. 以 2025 为核心的产业优势建造，中国绝对不会放弃；代表未来趋势的人工智能、自动驾驶、大数据等，中国与美国基本没有差距，即使有差距，中国也可以快速弥补。2. 中国人口是美国的 3 ~ 4 倍，内需大、纵深大，人口 30 ~ 50 年内会下降，房地产还会发展，40 多个相关行业的人还有饭吃。

中国在初、中、高三个产业层次形成了强大的竞争力，已经基本可以替代美国所有产业。美国所有行业的企业在中国增长市场份额成为不可能，中国已经大面积收割美国以外的高附加价值产品市场，与美国形成直接竞争。美国过去的优势产业是高科技、军工、医药、汽车、飞机、金融，其中高科技的竞争力早已不行，靠贸易保护苟延残喘；医药的市场份额已处于下降通道；军工的优势显著降低。电动汽车将会帮助中国实现"弯道超车"，5～10年后，全球汽车工业的格局一定会改写；中国大飞机会改变美法独占局面，有望形成三足鼎立之势；美元霸权正处于风雨飘摇之中，被中国逐步占据一定份额也是必然的。

中国建立全球产业门类最全的产业体系，在互联网、云计算、通信、消费电子、建筑工程、高铁、人工智能等行业全面领先。特别是软硬件结合的产品，美国即使领先一点，中国也很快可以跟上，并且马上卖出白菜价，让美国公司失去巨额盈利机会窗、硬件创新失去支撑，深圳由此成为全球电子产品硬件中心。

中国在军工、汽车、飞机、医药、材料、金融行业与欧美还有巨大差距，这些差距是中国高速发展的存量空间，再加上国内自身存在三大差别带来的动力空间，中国经济仍然有相当长时间高速发展的可能：发展高端产业，减少国内三大差别，中国经济仍然有快速发展的潜力，有足够的韧性。

曾经的世界一流强国——葡萄牙、西班牙、荷兰、日本、英国、俄罗斯在很多行业都落后了，谁还认为它们依旧强大呢？中国一旦建立起对美国的优势，特别是美元霸权崩溃时，美国就没那么多优势了，更多的是问题。国家及民间只要关注高附加价值产业发展及人民币的国际地位两个核心，战略聚焦这两个城墙口，就一定会赢得未来，无论有没有贸易战。

国家竞争的根本是产业和金融，只要国家稳定，未来发展就不会有问题。从改革开放40年的实践来看，全球越开放，中国企业的优势就越大，中国企业只要不怕失败、敢于胜利、善于胜利，就一定能赢得胜利。

▸▸ 华为样本的企业价值

从华为的发展来看，华为既不能狂妄自大，也不能妄自菲薄。西方文化有西方文化的好，东方文化有东方文化的妙，关键在于谁能够有更加宽广的胸怀，吸纳其他优秀文化元素，创造出更加广泛融合的新多元化文化，谁就能取得优势。对于个人是这样，对于企业、国家也是这样。国内其他任何企业只要掌握了核心技术，管理水平达到国际水准，结合中华优良的传统文化中庸之道，都可以在行业取得一席之地。

华为不仅代表中国高科技企业的新高度，树立了靠创新成为世界级企业的高标杆，提高了中国产业界在国际上的新形象，而且为中国企业走向全球市场提供了样板与路径。同时，华为的非凡成功也引起了全球产业界、商业界与管理界的高度关注，华为中西合璧的管理哲学和创新哲学正成为新时代的新范式。经过以华为为代表的中国电子制造业的多年努力，中国已经成为全球电子产品硬件创新的中心，硬件中国化趋势非常明显：

★ 中国是世界硬件制造的基地。

★ 中国是世界硬件创新的中心。

★ 中国是世界硬件智慧的平台。

中国成为制造业强国，摆脱对低成本、低技术的依赖，在高技术方面取得竞争优势，华为为中国企业走向世界提供了一个成功的典范与可参考路径。

衡量一家企业是不是国际化公司的标准有两个：一个是企业对国

际市场的依存度，通常由企业海外收入、海外资产的比重来衡量；另一个是企业在国际市场运营、竞争的能力，表现在国际视野的领导力、全球化运营模式、人才、供应链管理、技术、品牌等专业化能力。华为没有可以依靠的资源，通过在管理体系的专业化能力方面的提升，激发了18万华为人的能量。

为什么感觉生意越来越难做？其实是各行各业的集中度在不断提高，而且越来越专业了，越来越精益求精了，看起来是在"洗牌"，实际是在"洗人"，淘汰专业化程度低、组织力比较弱的企业。主要靠勇气、胆子大在中国发大财的机会基本没有了，没有背景的人，现在更需要专业能力才有机会出人头地。对于大多数企业来说，招聘员工时，往往特别重视第一学历，即本科是哪个学校及专业，后面的学历只是参考。为什么现在孩子要这么拼？这就是答案。

华为不仅为中国企业树立了全球化样板，也为中国企业奠定了广泛走出去的硬件、软件基础，打造了实现路径。华为的成功，主要靠的是不断招募并成立一支工程师大军，训练他们、组织他们，然后激励他们在全球电信业的版图上攻城拔寨，拿下一块块高附加值的地盘。由于这个模式充分利用了中国的比较优势，其他很多行业的企业也可效仿，成为华为这样的知识密集型、资本密集型、技术密集型的企业。

企业在创新方面的大智大勇体现在能不能创新（是否有创新环境、创新背景），想不想创新（创新动力在哪里、动力足不足），敢不敢创新（是否敢投入、投入力度有多大），会不会创新（创新管理和机制是否健全、创新策略是否正确）等方面。华为在创新方面的投入、流程管理，以及客户需求导向的技术创新理念等，无疑是创新式标杆。

华为不可复制，因为"当下性"不可复制。但学习华为无疑会让人受益匪浅，它成功的系统性逻辑、开创性的思维和对市场的精准把握，都值得深入研究和体会。对很多企业而言，出海的过程中一定要借鉴华为的成功经验。当前，国内 IT 企业出海已蔚然成风，中国企业仍需要华为式的变革和突破，争取在下一个十年出现更多像华为这样的企业和骄傲。

爱人类（丰富人们的沟通与生活，共建全连接世界，共建智能世界）、爱祖国、爱家庭、爱生活实际上就是全球视野的修身、齐家、治国、平天下，华为用对待中国客户及合作伙伴的心态去对待全世界人民，迟早会赢得最大的机会。

▶▶ 华为样本的华为 + 价值

本书以华为 + 为样本，通过建立大量的企业管理方面的实用模型来重构式解读华为，从根本上来研究，提供了比较可靠而又清晰的"冷眼看"，发现成为华为 + 的问题与途径。冷眼看华为，一方面，发现华为的不完美，这是华为成为伟大企业、成为华为 + 的希望所在；另一方面，通过大量的建模与实践分析，其他的企业可以根据华为的优势与不足观照自身，更加有针对性地学习与改进，让学华为有了实践性非常强的理论指导，让学华为变得更简单、更系统、更有针对性。本书的很多观点或理论，对于企业建立系统竞争力有一些借鉴意义：

★ 华为人格化文化系统：对企业总结提炼企业文化内核有借鉴意义。

★ 军政、军令组织体系：对较大规模企业平台型组织体系建设有借鉴意义。

★ 绩效文化与军事文化：对于构建企业的文化张力有借鉴意义。

★ 企业三大实力模型：对于企业有效分析与改善企业实力有借鉴意义。

★ 营销三大驱动模型：对企业有针对性地改进营销驱动有借鉴意义。

★ 企业活力模型：对于有效构建企业活力，确立组织竞争力有借鉴意义。

★ 市场竞争三大指导思想模型：对于企业针对不同对手制定竞争策略有借鉴意义。

★ 战略研究一般方法模型：对于企业以产业链的纵向和横向扩张为核心战略有借鉴意义。

★ 领导力与执行力模型：纠正了传统管理学的错位概念，对于有效建立企业领导力与执行力提供了有效的途径与方法。

★ 对华为灰度的重新定义：华为式灰度不是黑与白之间，而是针对不同的对象构建灰度哲学，涵盖了黑与白的灰度。对于构建强大的组织力，在原则和方向上，华为基本只用黑与白，才产生了巨大的组织张力，激发了组织能量。

★ 通过国家、社会、企业的努力，专业化、系统化地构建企业组织力，中国各行各业一定会涌现出一大批"华为"及"华为＋"。

过去 30 多年，华为服务全球 170 多个国家和地区近 30 亿人口，华为为全球信息化节省了万亿级投资，把全球信息化进程提前了 20 年，缩小了全球发展中国家与发达国家的数字鸿沟，让更多普通人提前感受到了数字时代的伟大魅力与文明进步，推动了全球信息化带动生产力的巨大进步，给人类社会带来了巨大的价值贡献，受惠人口之多、覆盖范围之广、提前时间之长是罕见的，华为是近 30 年全球新商业文明最典型的代表。

华为致力于把数字世界带入每个人、每个家庭、每个组织，构建万物互联的智能世界，推动人类进入信息化智能社会，实现人类普惠。华为以技术先进、性价比高及服务优良的三大优势继续驱动人类的新商业文明，将继续赢得下一个时代。

21 世纪是全人类的新世纪，中国成为改变世界信息普惠不平等和贸易格局不平等的重要力量。One World One Dream，在共建全球智能社会的梦想中，New World 华为给世界带来 New Dream，①构建和谐家庭、构建和谐企业、构建和谐中国、构建和谐世界、构建人类命运共同体，华为将继续贡献力量，持续做全球新商业文明最典型的代表。

▶▶ 华为：新商业文明的典型代表

未来，华为要做到极简的网络、极简的商业模式、极简的组织结构、极简的流程，才能实现技术先进、性价比高、服务优良，从而继续驱动新商业文明，给客户带来巨大的价值，给自己带来更多的收益。

华为管理的极端灰度实现了其作为新商业文明的典型代表的三个核

---

① 同一个世界同一个梦想，新华为给世界带来新梦想。

心要素：技术先进、性价比高、服务优良。

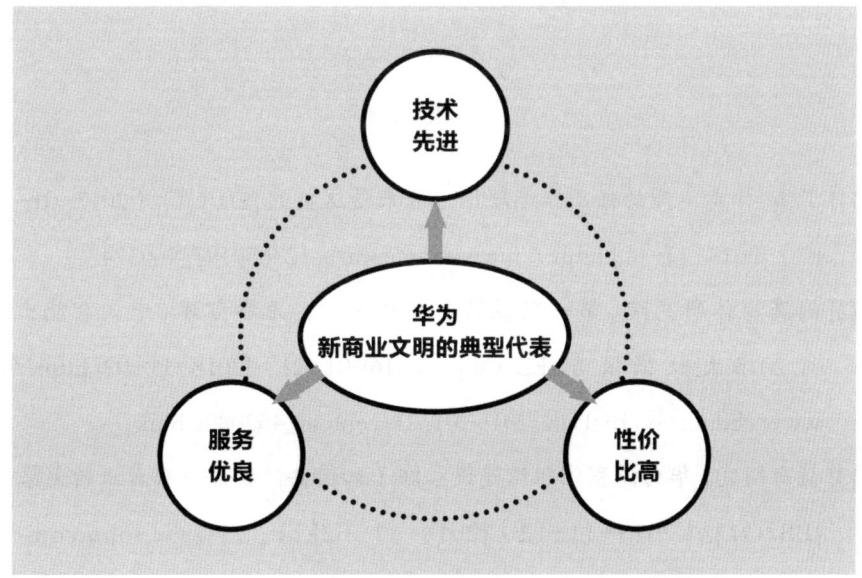

图 10-1　新商业文明的典型代表华为的核心要素

参考文献

[1] 丁伟.你看不懂的任正非熵理论,原来是这样的 [EB/OL].（2017-01-07）[2018-11-02].https://www.sohu.com/a/123650197_460374.

[2] 滴滴媒体研究院,第一财经商业数据中心,无界智库.中国智能出行 2015 大数据报告 [EB/OL].（2016-01-21）[2018-11-02].http://www.cbdio.com/BigData/2016-01/21/content_4520889.htm.

[3] 蓝血研究.华为流程化组织建设:瞎子如何共同拼出一头真正的大象 [EB/OL].（2015-11-12）[2018-11-02].http://www.sohu.com/a/41417085_205354.

[4] 田涛,吴春波.下一个倒下的会不会是华为:故事、哲学与华为的兴衰逻辑 [M].北京:中信出版社,2015.

[5] 吴春波.读懂任正非的灰度管理哲学 [EB/OL].（2018-05-04）[2018-11-02].http://www.sohu.com/a/230369619_380874.

[6] 蓝血资本.华为副董事长孟晚舟新加坡演讲:大学与企业紧密合作,才能跨越"死亡谷"[EB/OL].（2018-10-04）[2018-11-02].http://www.sohu.com/a/257677361_100123653.

[7] 郭媛丹.解放军五大战区成立 习近平:时刻听从党和人民召唤 [EB/OL].（2016-02-02）[2018-11-02].http://world.huanqiu.com/exclusive/2016-02/8488104.html?agt=15417.

附录

我研究华为 20 年，既有在华为忠诚工作 10 年的经历，也有与华为企业网正面竞争 6 年的历程，对于华为的优势与不足非常了解。很多企业向华为学习，却始终抓不到精髓，无论如何也学不会，这是为什么呢？主要是因为华为的核心哲学与经营管理实践长期被误读，学华为容易掉入下面的八个坑。

八个坑	误读华为	正确打开姿势
灰度坑	不走极端，灰度和谐	1. 华为文化内核及中西合璧都是极端灰度 2. 华为内部管理原则与方向都是极端灰度 3. 极端灰度产生的极致张力成就了极致华为
文化坑	狼文化	1. 华为文化本质是价值文化、绩效文化 2. 奋斗文化是狼文化，狼性是对自己的征服 3. 华为 2B 是狼狗文化，华为 2C 是狼狼文化
成功坑	成功靠战略	华为的战略是没有战略的战略，华为成功靠组织力，靠残酷的淘汰机制
营销坑	营销能力很强	华为产品实力很强，营销能力中下，需要恶补
运营坑	矩阵平台体系	华为是硬结构（美国军队）+软能力（中国军队）+运营"铁三角"构成的强大组织运营能力体系
战略坑	聚焦管道	1. 华为的"管道"概念已经横向扩充到管道江河的枝枝蔓蔓，链接大海了 2. 进入 DT 领域，华为才能进入无人区 3. 华为如果不做汽车，五年后将趋于平凡
竞争坑	竞争力很强	1. 华为的竞争方式越来越少，越来越依赖产品硬实力，缺少领袖型人才 2. BICODT 行业互联网公司、运营商及设备厂商都面临红利消失，未来 5～8 年，跨界竞争与融合加剧，华为还没有完全准备好
信任坑	内部缺乏信任	华为的德治和法治都绝对理性，需要改善人治建立绝对感性，这样才能够形成极端灰度

本书通过大量的建模与实践分析华为的极端灰度管理原则与方向，让你顺利避开以上八个坑，解锁学习华为的正确方法，是企业借鉴或参考华为商业成功底层逻辑的最佳途径。

后记

　　我每天都在研究华为，20年来，从没有间断。我有互联网公司的工作经历，进入华为后，是打败思科的核心智囊之一；与港湾竞争，我贡献了几篇有价值的文章；作为华为的对手，与华为在企业业务正面竞争了6年，取得了全面胜利；我还研究社会学、心理学、管理学方面的学问，重新建立了大量的多种多样的模型，并重新定义了管理学的一些基本概念，以模型来解构华为的成功与不足，这才有效发现了华为的真正优势与存在的不足，让冷眼看华为成为可能。

　　我曾经多次联系原来的华为同事、熟悉华为蓝军司令的人，约他们一起聊天，都被拒绝，最后这一次，我让朋友转发了资料，也没有得到任何回应。后来，我又做了7份资料发给华为的一些主管，也没有得到任何回应。

　　我用这种形式来表达对华为的理解，如果其中有一个观点对华为有用，那就达到目的了。

致谢

感谢华为，感谢任正非，感谢华为人！如果没有华为的成功，没有华为出售华三，就没有我在华为的经历，没有我成为华为企业业务核心对手的经历，我对企业运作的研究就不可能达到如今的高度，更不可能有写这本书的念头。也感谢华为的宽容与自我批判能力，让我有勇气写这本书。

感谢两任蓝军司令，如果被蓝军司令接纳，我的自大能够得到有效释放，也许我会通过私下的渠道去表达我对"华为+"的建议或意见，也许就不会有本书的出版。

感谢田涛教授，如果不是他透露，任总希望有一本名叫《冷眼看华为》的书面世，我也许不可能完成这本书。

感谢我的挚友贺宁、梁坤飞、姜岩、刘祖轲与我亲密交流，特别是贺宁、梁坤飞，他们是我交往23年以上的朋友，在我的研究过程中，扮演了我的蓝军角色。

感谢培训与咨询界的大佬杨思卓、刘子熙、周平、王贤福、周子淳对我的指导与教诲，也感谢华友会会长余渭华、副会长黄庆伟、海江私董学院院长殷海江对我的支持与帮助！

感谢CEO书院创始人程东升先生，他是畅销书《华为真相》的作者，感谢他对我的信任，让我集中精力顺利完成了书稿。

感谢一直默默支持我的太太、孩子及其他家人。